Hinterpommern
Wierschutzin
Lebasee
Schmolsin
Klucken
Glowitz
Rowe
Gr. Garde
Lupow
Stolpmünde
LAUENBURG
Jershöft
STOLP
Lupow
Rathsdamnitz
Rügenwalde
SCHLAWE
Zitzewitz
Stolpe
Wipper
See Buckow
Budow
Jassen
Wusterwitz
Alt Kolziglow
Sorenbohm
Großmöllen
Zanow
Gollenberg
Varzin
BÜTOW
Henkenhagen
KÖSLIN
Bonin
Berent
KOLBERG
Pollnow
Schimmritzberg
Stüdnitz
Deep
Streckenthin
Gr. Schwirsen
Sommin
Horst
Hoff
Treptow
Kreis
Gr. Jestin
Körlin
Radüe
Zetthun
RUMMELSBURG
Kolberg-
Körlin
BELGARD
Drawehn
Zirkwitz
Bublitz
GREIFENBERG
CAMMIN
Persante
Gr. Tychow
Porst
Flötenstein
Muttrin
Baldenburg
Eickfier
Schwessow
Prechlau
Brahe
Plathe
Regenwalde
Schivelbein
Wusterhanse
Stegers
Rega
Stargordt
Bad Polzin
Bärwalde
Kramsk
Konitz
NEUSTETTIN
Neukirchen
Hammerstein
NAUGARD
Kreis
LABES
Alt Draheim
Lottin
SCHLOCHAU
Regenwalde
Falkenburg
Tempelburg
Bahrenbusch
Landeck
Pr. Friedland
Wangerin
Gr. Born
Ratzebuhr
Linde
DRAMBURG
Radawnitz
Zempelburg
Virchow
Gr. Sabin
Pilow
Drage
Jastrow
FLATOW
Christiansberg
Märk. Friedland
Tarnowke
STARGARD
Kallies
Krojanke
Küddow
Ihna
DEUTSCH KRONE
Reetz
Neuwedell
Tütz
Arnsfelde
Schrotz
ARNSWALDE
SCHNEIDEMÜHL
Wirsitz
Nakel
BROMBERG
PYRITZ
Marienthal
Netze
Schloppe
Behle
Marienwalde
SCHÖNLANKE
Radolin
Kolmar
Drage
Netzekreis
Woldenberg
Filehne
Neuhöfen
FRIEDEBERG
Kreuz
Netzbruch
Driesen
Netze
LANDSBERG
Gottschimm
Rogasen
GRENZMARK POSEN-WESTPREUSSEN
REGIERUNGSBEZIRK
0 10 20 30 35
km
Begrenzung des in diesem Bildband dargestellten Gebietes
Reichsgrenze 1937
Provinzgrenze
Regierungsbezirks-Grenze
Kreisgrenze
KREISSTADT, Stadt
unterstrichen: Regierungsbez-Hauptstadt
Kirchdorf, Ort, Gemeinde

Manfred Vollack

HINTERPOMMERN

Von der Ostsee zur Grenzmark

Manfred Vollack

HINTERPOMMERN

Von der Ostsee zur Grenzmark

Mit 96 Großfarbfotos

und 62 Zeichnungen

FLECHSIG

Umwelthinweis:
Dieses Buch und der Umschlag wurden auf chlorfrei gebleichtem Papier gedruckt.
Die Einschrumpffolie – zum Schutz vor Verschmutzung – ist aus umweltverträglichem und recyclingfähigem PE-Material.

Titelbild: Das 1913 erbaute Kurhaus bei Leba (Foto: Jerger)
Zeichnungen: Ernst R. Döring, Bruno Koglin

Sonderausgabe für Flechsig Buchvertrieb

Originalausgabe: Kraft Verlag, Würzburg
Umschlaggestaltung: Förster Illustration & Grafik, Würzburg
Gesamtherstellung: AGORA United Graphic Services, b.v, Netherlands

ISBN 3-88189-214-1

... HELLEM MEERESSTRANDE, DÜSTERM WALDREVIER ...

„Wenn in stiller Stunde Träume mich umweh'n,
Bringen frohe Kunde Geister ungeseh'n,
Reden von dem Lande meiner Heimat mir,
Hellem Meeresstrande, düsterm Waldrevier."

250 Kilometer geradlinige Küste und ihr weites Hinterland sollen in diesem Buch vorgestellt werden, doch nicht irgendeine Küste und nicht irgendein Land. Es ist das „Land am Meere", wie Pommerns Name übersetzt wird, und es ist die schöne hinterpommersche Ausgleichsküste mit ihren markanten Kliffen, den dünenreichen Nehrungen und dem hellen Meeresstrande, wie ihn uns Adolf Pompe in seinem Pommernlied besingt – bis hin zu fruchtbaren Weiten und düsteren Waldrevieren.
85 Jahre wartet die berühmte Kirchenruine von Hoff bereits auf die Erfüllung ihres Schicksals; morgen schon kann unser Titelbild Vergangenheit sein. Es erinnert uns an die Vergänglichkeit menschlichen Tuns, an das Hineingestelltsein des Menschen in das ewige Walten der Natur, wie es der Pommer Caspar David Friedrich so eindrucksvoll in seinen Bildern zum Ausdruck gebracht hat. Dieses schlichte Gotteshaus mag uns Sinnbild sein dafür, daß unser Wirken in Gottes Hand gegeben ist, solange wir mit ihm und der Schöpfung, der Natur, eins sind – das Schicksal der zweiten, jüngeren Kirche von Hoff mag uns zeigen, daß die Zerstörungen von Menschenhand grausamer, unbarmherziger sind als das scheinbar so dumpfe Walten der Natur. Nur 65 Jahre hat sie bestanden, fester gemauert als die alte, weiter entfernt vom Meere als sie und doch eher zerstört als jene – durch die Furie des letzten Krieges.
So erinnert uns die langsam sterbende Ruine auf steiler Höhe auch an jene etwa 850 Jahre zurückliegende Zeit, als Otto von Bamberg dem fernen Pommern das Christentum brachte, als deutsche Priester und Mönche die heidnischen Götter überwanden und durch stille Arbeit dieses Land dem Abendland erschlossen. Deutsche Bauern und Bürger bauten Städte und Dörfer, wurden Nachbarn der Pommern, ja, schließlich ein Teil von ihnen. Krieg und Frieden, Not und Wohlstand, Tiefen und Höhen haben sie gemeinsam in Jahrhunderten durchlebt, ein gemeinsames Schicksal in einer gemeinsamen Heimat hat sie verbunden.
Von der Ostsee zogen sie ins Binnenland, zum Höhenrand und darüber hinaus in die Nachbarländer, deren Entwicklung auf vielfältige Weise im Laufe der Zeiten mit Pommern verbunden war: Ordensland, Neumark und Grenzmark weisen den Weg in die großen Bahnen deutscher Geschichte, in die Anfänge dessen, was auch Pommern später umspannen und wieder einen wird: *Preußen.* Wohl nicht zufällig verzahnt sich die Geschichte der drei Kernlandschaften dieses Staates gerade in Hinterpommern, das damit nicht nur zur Brücke nach Norden, sondern auch das Bindeglied zum Nordosten geworden ist.
Dieses Buch ist dem Hauptteil Pommerns gewidmet, *Hinterpommern* und der *Grenzmark,* es setzt den Band über Stettin und Mittelpommern nach Osten hin fort. 96 bunte Bilder – uns gegenwärtige farbige Vergangenheit – und 12 Kapitel deutscher Geschichte wollen das Bild dieses einst deutschen Landes bewahren helfen.

Manfred Vollack

HINTERPOMMERN
VON DER OSTSEE ZUR GRENZMARK

Der Begriff

Hinterpommern ist das Land jenseits der Oder, so wie *Vorpommern* derjenige Landesteil Pommerns ist, der vor – d. h. diesseits – der Oder liegt. So wollte es die Geschichte: Als Schweden und Brandenburg sich 1648 das Land teilten, legten sie diese Begriffe und die Grenzen fest. Dabei ist das westlich der Oder gelegene *Stettin,* die Hauptstadt Pommerns, naturgemäß Vorpommern zugeordnet worden, ebenso die beiden Inseln Usedom und Wollin sowie noch einige Gemeinden im östlichen Umfeld Stettins (Altdamm und Umgebung).

Hinterpommern ist also – vom Westen her gesehen – wirklich das Land *hinter* der Oder, aber es ist nicht das ganze heute jenseits der Oder-Neiße-Linie gelegene Gebiet Pommerns: Dieser seit 1945 unter polnischer Verwaltung stehende Teil des Landes umfaßt neben dem ganzen Hinterpommern noch die Grenzmark, die beiden neumärkischen Kreise Arnswalde und Friedeberg, Stettin und sein westliches Vorland sowie Wollin und den Ostteil Usedoms mit Swinemünde. Zum Unterschied zu den vorgenannten Landschaften bezeichnen wir diesen politischen Begriff als *Ostpommern.*

Unser Buch behandelt diejenigen Teile Hinterpommerns, der Grenz- und Neumark, die zu den beiden Regierungsbezirken Köslin und Grenzmark Posen-Westpreußen gehören – gewissermaßen im Anschluß an Mittelpommern, das bereits den westlichen Abschnitt Hinterpommerns umfaßt. Im einzelnen verteilen sich die 22 Stadt- und Landkreise der beiden Bezirke wie folgt auf die historischen Landschaften: Noch zum *westlichen* Hinterpommern gehören die Kreise Greifenberg und Regenwalde (sie waren bis 1938 auch Bestandteil des Stettiner Bezirks), zum *mittleren* Hinterpommern hat man die Kreise Belgard und Neustettin zu rechnen, dazu das einstige Fürstenthumer Land (die Kreise Kolberg-Körlin und Köslin mit den beiden kreisfreien Städten Kolberg und Köslin), seit 1815 auch den Kreis Dramburg und den 1932 Belgard zugeordneten ehemaligen Schivelbeiner Kreis, die einst zur hinteren Neumark gehörten. Das *östliche* Hinterpommern umfaßt die Kreise Schlawe, Rummelsburg, Stolp-Stadt und -Land sowie die früheren Lande Lauenburg-Bütow. Dazu kommen die fünf Grenzmarkkreise Schlochau, Flatow, Deutsch Krone, Netzekreis und die Stadt Schneidemühl sowie die beiden neumärkischen Hinterkreise Arnswalde und Friedeberg. Fürwahr, ein buntes Mosaik aus historisch unterschiedlich geformten Landschaften – gemeinsam ist allen ihre unbestritten deutsche Geschichte.

Die Landschaft

Der hier behandelte hinterpommersch-grenzmärkische Raum hat Anteil an den drei eiszeitlichen Landschaftsformen, die überall im norddeutschen Raum die Oberflächengestalt bestimmen und hier parallel zueinander verlaufen:

Die *hinterpommersche Küstenebene* erstreckt sich entlang der Ostseeküste, die ihrerseits als klassische Ausgleichsküste ausgeformt ist, bei der in stetem Wechsel Flach- und Steilküste aufeinander folgen. Im Nordosten sind mehrere Buchten durch Nehrungen vom offenen Meere abgeriegelt und zu Strandseen geworden, deren Verlandungsprozeß zwischen Garder- und Leba-See im Lebamoor gut zu beobachten ist. Das anschließende Binnenland ist eine flachwellige Grundmoränenebene, die von mehreren Längstälern in Richtung Ostsee zerschnitten wird, in denen die sechs hinterpommerschen Küstenflüsse Rega, Persante (mit Radüe), Wipper (mit Grabow), Stolpe, Lupow und Leba zum Meere ziehen. Sie benutzen zum Teil in ihrem Lauf einen nur schwach ausgeprägten Talzug, der parallel zu den vier großen norddeutschen Urstromtälern verläuft und gelegentlich zusammen mit diesen als fünftes genannt wird: das Pommersche Urstromtal. Die Grundmoränenebene ist der fruchtbarste Teil des Landes, hier liegen die ertragreichen Gebiete des Greifenberg-Kolberg-Kösliner Küstengebietes sowie des Rügenwalder Amtes, gelegentlich werden sie von einzelnen Stau- und Endmoränen überragt, die weithin das Land beherrschen (Gollen 133 m, Revekol 117 m, Höllenberge bei Barzwitz 72 m). Diese offene, weithin von Acker- und Wiesenland eingenommene Küstenebene ist der am dichtesten besiedelte Teil Hinterpommerns und zumeist bäuerlich geprägt.

Je weiter man ins Binnenland kommt, desto mehr nimmt die ebene Grundmoränenlandschaft einen kuppigen Charakter an, um schließlich in den *Pommerschen Landrücken* überzugehen. Dieser Höhenzug hebt sich allein schon durch seine Höhenlage deutlich von seiner Umgebung ab. Erhebungen über 200 m sind nicht selten: Schimmritzberg (Kr. Bütow) 256 m, Steinberg (Kr. Schlawe) 234 m, Hochratzenberg (Kr. Dramburg) 211 m. Der Landrücken ist Teil des großen Baltischen Höhenzuges, der sich von Jütland über Schleswig-Holstein, Mecklenburg, Pommern, West- und Ostpreußen bis ins Baltikum erstreckt und die Stillstandslage der letzten Eiszeit markiert.

Eingebettet in diese manchmal geradezu Mittelgebirgscharakter annehmende Landschaft sind zahlreiche Seen, von denen der Dratzig-See mit 18,6 qkm der größte und mit 83 m der tiefste ist. Hier, auf der Wasserscheide zwischen den hinterpommerschen Küstenflüssen (Nordabdachung) und dem Oderstromgebiet (Südabdachung), entspringen die meisten größeren pommerschen Flüsse. Der für die Gegend um Bad Polzin geprägte Begriff „Pommersche Schweiz" deutet an, daß wir es hier mit einem landschaftlich reizvollen, vom Fremdenverkehr gerade erst erschlossenen Raum zu tun haben.

Die dritte Großlandschaft ist das südlich an den Landrücken anschließende *Sandergebiet,* in dem die Schmelzwässer der abklingenden Eiszeit sich ihren Weg nach Süden gebahnt und große Mengen Sand abgelagert haben, die in der kalten, vegetationsarmen Zeit vielfach zu Binnendünen aufgeweht worden sind. Es ist eine wenig fruchtbare, ziemlich ebene Landschaft, die seit 200 Jahren zum größten Teil mit Kiefern aufgeforstet ist – mit ihrem herben Grundcharakter eine typische Landschaft Ostelbiens. Vereinzelt wird sie von höhergelegenen Grundmoräneninseln durchsetzt, wie der Deutsch Kroner Platte (Eichberg 207 m) oder der Schlochauer Ackerplatte.

Nach Süden hin endet die Sanderzone, zum Teil mit deutlichem Steilrand, am *Thorn-Eberswalder Urstromtal,* jener großen Sammel- und Abflußrinne der letzten Eiszeit, die sich von der mittleren Weichsel über Netze – Warthe – Oder – Finow – Rhin – Elbe bis zur Nordsee erstreckt. Pommern reicht im Netzekreis bis in dieses Tal hinein, im Kreis Friedeberg sogar noch darüber hinaus in das anschließende

Fischerhäuser in Kamp an der Alten Rega

Binnendünengebiet der Netzeheide. Seit 200 Jahren unter preußischer Herrschaft in ertragreiches Wiesenland verwandelt, war das Netzebruch in alter Zeit eine unpassierbare Sumpflandschaft und daher Völkerscheide zwischen Pomoranen und Polen.

Die Menschen

In den beiden Regierungsbezirken Köslin und Grenzmark Posen-Westpreußen lebte 1939 fast die Hälfte der Bevölkerung Pommerns, wobei im Kösliner Bezirk 53 Menschen auf dem Quadratkilometer siedelten, im Grenzmarkbezirk sogar nur 42. Der Kreis Schlochau hatte unter allen pommerschen

Gebiet und Bevölkerung der Regierungsbezirke Köslin und Grenzmark Posen-Westpreußen 1939

Gebiet	Fläche in qkm	Einwohner 1939
Kr. Belgard	1649,6	79183
Kr. Bütow	617,3	28018
Kr. Greifenberg i. Pom.	765,5	47806
Stadtkreis Kolberg	50,2	36617
Kr. Kolberg-Körlin	879,5	38785
Stadtkreis Köslin	86,7	33479
Kr. Köslin	1172,2	46808
Kr. Lauenburg i. Pom.	1290,1	63985
Kr. Regenwalde	1191,4	49668
Kr. Rummelsburg i. Pom.	1213,6	40692
Kr. Schlawe i. Pom.	1584,0	78363
Stadtkreis Stolp	41,9	50377
Kr. Stolp	2227,2	83009
Reg.-Bez. Köslin	12769,2	676790
Kr. Arnswalde	1265,1	45410
Kr. Deutsch Krone	2152,3	71737
Kr. Dramburg	1209,8	43665
Kr. Flatow	980,4	39399
Kr. Friedeberg Nm.	1102,2	52499
Netzekreis	890,1	39824
Kr. Neustettin	2093,1	85778
Kr. Schlochau	1686,9	55169
Stadtkreis Schneidemühl	77,5	45791
Reg.-Bez. Grenzmark Posen-Westpreußen	11457,4	479272

Kreisen mit 33 Einw./qkm die geringste Dichte aufzuweisen (Pommern: 62, Bundesrepublik Deutschland 1984: 247). Die Städte waren zumeist klein, nur Stolp zählte mehr als 50000 Bewohner; Schneidemühl, Kolberg und Köslin erreichten 20 – 50000 Einwohner, 6 Städte hatten mehr als 10000 Seelen, die übrigen 40 städtischen Siedlungen blieben zum Teil weit unter der 10000-Einwohner-Marke – kleinste Stadt war Landeck mit nur 1010 Seelen. Die Zahl der Bewohner einst und heute sowie die Gründungsdaten aller Städte des hier behandelten Raumes sind in der nebenstehenden Tabelle aufgeführt.

Im gesamten Gebiet des mittleren und östlichen Hinterpommern sowie der Grenzmark wurden fast durchweg hinterpommersche Mundarten gesprochen, die sich in drei Gruppen gliederten: Im Kösliner Bezirk (ohne den Altkreis Bublitz) war das hinterpommersche Platt verbreitet – der eigentliche Dialekt Pommerns überhaupt. Im Raum Bublitz–Schlochau, zum Teil noch in den Kreis Flatow hineinreichend, hatte sich eine Mundart gehalten, die durch die Palatalisierung des k-Lautes zu -tch- (Bublitz) bzw. -tsch- (Schlochau) auffiel. Sie stellt eine altertümliche, eng begrenzte Sonderform des Hinterpommerschen dar. In der Grenzmark herrschte eine Abart des Hinterpommerschen, die sogenannte „Schulzendorfsche Mundart" vor (sie wurde vorwiegend in den deutschrechtlichen Schulzendörfern gesprochen), in der Neumark ein märkisches Platt. Lediglich in wenigen Ortschaften der Kreise Lauenburg und Bütow wurde noch kaschubisch, im Kreis Flatow hin und wieder polnisch gesprochen. 99,6 v.H. der Bevölkerung unseres Gebietes vor dem Kriege waren Deutsche.

Geschichte

Die Geschichte des hier behandelten Gebietes spielte sich in mehreren auch kulturell voneinander verschiedenen Räumen ab: Pommern und Pommerellen, Brandenburg, der Deutsche Ritterorden und Polen – schließlich Preußen-Deutschland als übergeordnete Macht formten dieses Gebiet, gestalteten seine Vergangenheit. Da sich Geschichte überall parallel abspielt, sei für die folgende Darstellung die chronologische Übersicht gewählt:

Städte im östlichen Hinterpommern und der Grenzmark

Stadt	Stadtrecht	Einwohner (in 1000)	
	seit	1939	1980
Arnswalde	vor 1291	14,0	13,0
Bad Polzin	1335 ?	6,9	8,6
Baldenburg	1382	2,3	1,9
Bärwalde i. Pom.	vor 1389	3,1	3,3
Belgard	1299	16,4	22,5
Bublitz	1340	6,2	3,9
Bütow	1346	10,0	13,3
Deutsch Krone	1303	14,9	22,8
Dramburg	1297	8,1	9,5
Driesen	vor 1317	5,7	7,3
Falkenburg	1333	8,6	12,0
Flatow	vor 1370	7,5	14,6
Friedeberg/Nm.	vor 1286	5,9	7,5
Greifenberg i. Pom.	1262	10,8	15,2
Hammerstein	1395	4,4	5,1
Jastrow	1602	5,9	7,4
Kallies	vor 1303	4,0	3,8
Kolberg	1255	36,6	38,2
Körlin	vor 1299 ?	3,4	5,2
Köslin	1266	33,5	93,5
Kreuz (Ostbahn)	1936	5,0	5,2
Krojanke	1420	3,2	3,3
Labes	vor 1295	7,3	9,4
Landeck i. Westpr.	1775	1,0	–
Lauenburg i. Pom.	1341	19,1	29,2
Leba	1357	2,8	4,0
Märkisch Friedland	vor 1314	2,7	2,4
Neustettin	1310	19,9	35,7
Neuwedell	1315 ?	2,7	2,5
Plathe	1277	3,6	3,7
Pollnow	vor 1347	3,6	2,3
Preußisch Friedland	1354	3,8	3,0
Ratzebuhr	1754	2,9	3,6
Reetz Nm.	vor 1296	3,6	2,2
Regenwalde	vor 1288	5,0	3,9
Rügenwalde	1271/1312	8,4	13,4
Rummelsburg i. Pom.	1617/1721	8,5	10,0
Schivelbein	1296 ?	9,7	14,0
Schlawe	1317	9,8	12,7
Schlochau	1348	6,0	10,7
Schloppe	vor 1350	3,0	2,1
Schneidemühl	1380 ?	45,8	58,9
Schönlanke	1731	9,6	13,2
Stolp	1310	50,4	86,1
Tempelburg	vor 1334	5,3	6,0
Treptow/Rega	1277	10,9	8,9
Tütz	vor 1306 ?	2,7	1,9
Wangerin	vor 1460	3,5	2,2
Woldenberg Nm.	1298 ?	5,3	4,0
Zanow	1343	3,1	5,1

Bis zum *5. Jahrhundert* ist Pommern von germanischen Völkerschaften (Rugiern, Burgundern) bewohnt, die in der Zeit der Völkerwanderung das Land weitgehend verlassen. Seit dem *6. Jahrhundert* wandern kleine slawische Gruppen in Pommern ein, vermischen sich mit den wenigen zurückgebliebenen Germanen und bilden einen eigenen Stamm, die „Pomoranen", die sich nach ihrem Wohnsitz „am Meere" ihren Namen geben – im Gegensatz zu den „Polanen" (= Polen, d. h. den „Feldbewohnern", Binnenländern).

Um *972* bis nach *1000* ist Pommern vorübergehend unter polnischer Herrschaft. In Kolberg wird der deutsche Mönch Reinbern als Missionsbischof eingesetzt und dem Erzbischof von Gnesen unterstellt; der Versuch der Christianisierung der Pomoranen scheitert jedoch.
997 predigt der Prussenmissionar Adalbert von Prag am Hofe eines Fürsten in Danzig; damit erscheint erstmals das östliche Pommern (Pommerellen) als besonderes Herrschaftsgebiet.
1107–1121 erobert der polnische Herzog Boleslaw III.

(Schiefmund) Pommern nach schweren Kämpfen erneut.
1124/1125 besucht der deutsche Bischof Otto von Bamberg in polnischem Auftrag Pommern, unter anderem auch Kolberg, und tauft zahlreiche Bewohner. Auf dem 1125 in Usedom tagenden Landtag wird die Einführung des Christentums beschlossen.
1138 wird Pommern nach dem Tode Boleslaws III. wieder frei.
1140 wird in Wollin ein Bistum für Pommern errichtet, das endgültig 1182 nach Cammin verlegt wird, wo man schon seit 1175 an einem Dom baute. Dieses Bistum bleibt bis zur Reformation exemt, d. h. es ist dem Papst unmittelbar unterstellt.
1180 wird in Belbuck bei Treptow/Rega das zweite Feldkloster Hinterpommerns (nach Kolbatz, 1173) gegründet und von Prämonstratensern besiedelt.
1186 gründen Zisterziensermönche aus dem pommerschen Kolbatz ein Tochterkloster in Oliva bei Danzig, das älteste Pommerellens.

Altes Stadtsiegel von Köslin (13. Jahrh.)

1248 schenkt Herzog Barnim I. von Pommern den östlichen Teil des Landes Kolberg dem Camminer Bischof Hermann v. Gleichen, der von hier aus fortan planmäßig sein weltliches Herrschaftsgebiet (Stift Cammin) erweitert.
1252 Gründung des Klosters Buckow (Kr. Schlawe).
1255 erhält die deutsche Kaufmannssiedlung Kolberg lübisches Stadtrecht.
1266 ist die Burg Schivelbein in der Hand Brandenburgs, das im ausgehenden 13. Jahrhundert planmäßig die später so genannte Neumark in seinen Besitz bringt.
1286 schenkt Herzog Przemysław von Großpolen dem Templerorden das Gebiet um den Dratzig-See (Land Tempelburg).
1295 stirbt mit dem Tode Mestwins II. das Herrscherhaus in Pommerellen aus. Es entbrennt nun ein Kampf um den Besitz dieses Landes zwischen Brandenburg (das das Land Schlawe-Stolp behaupten kann), Polen, Pommern und dem Deutschen Ritterorden. Im gleichen Jahre wird Pommern in die Teilfürstentümer Pommern-Stettin und Pommern-Demmin (später Pommern-Wolgast) geteilt.
1298 erwerben die brandenburgischen Markgrafen das Land Krone.
1304 ist Kolberg als Mitglied der Hanse bezeugt. Auf dem Höhepunkt der hansischen Macht gehören mindestens 17 pommersche Städte diesem Bund an.
1309 erwirbt der Deutsche Ritterorden im Vertrag von Soldin gegen eine Zahlung von 10000 Mark Silber die Ansprüche Brandenburgs auf das östliche Pommerellen (jenseits der Leba) und nimmt das Land in Besitz.
1310 erhält Stolp von den brandenburgischen Markgrafen Stadtrechte, im gleichen Jahre gründet der pommersche Herzog Wartislaw IV. Neustettin.
1317 fällt das bisher brandenburgische Land Schlawe-Stolp an Pommern.
1348–1351 rafft der „Schwarze Tod“ (die Pest) auch in Pommern mindestens ein Viertel der Bevölkerung dahin.
1368 tritt der brandenburgische Markgraf Otto der Faule die

Länder Krone und Tempelburg an den König von Polen ab.
1370 Im Frieden zu Stralsund setzen die Hansestädte gegen König Waldemar IV. von Dänemark Handelsfreiheiten und ein Mitspracherecht bei der dänischen Thronfolge durch. Die Hanse steht auf dem Höhepunkt ihrer Macht.
1400–1454 gehört die Neumark dem Deutschen Ritterorden, anschließend wird sie von Brandenburg wiedererworben.
1454–1466 ringen im Dreizehnjährigen Krieg Polen und der Deutsche Ritterorden um den Besitz Pommerellens und des Kulmer Landes; im Zweiten Thorner Frieden (1466) kommen diese Landschaften (und damit auch das Schlochauer Land) als sogenanntes Königliches Preußen unter die Herrschaft der polnischen Krone. Die Lande Lauenburg-Bütow fallen als erbliches polnisches Lehen an Pommern.
1474 tritt Herzog Bogislaw X. die Herrschaft in Pommern an, das Land ist damit erstmals wieder geeint. In der Folgezeit große kulturelle und wirtschaftliche Blüte.
1529 verzichten im Vertrag von Grimnitz die brandenburgischen Kurfürsten (Hohenzollern) endgültig auf ihre Lehnshoheit über die pommerschen Herzöge zugunsten des Rechtes der Erbnachfolge.
1534/1535 Auf dem Landtag zu Treptow legt Bugenhagen eine neue „Pommersche Kirchenordnung“ vor. Daraufhin beschließen die pommerschen Stände die Einführung der Reformation in Pommern. Die 45 Klöster und Stifte werden säkularisiert.
Um *1600* kulturelle Spätblüte Pommerns unter den Herzögen Johann Friedrich und Philipp Julius.
1625 vertreiben die Polen im Lande Tempelburg die lutherischen Geistlichen und führen gewaltsam den katholischen Gottesdienst wieder ein.
1627 setzen sich durch die Kapitulation von Franzburg kaiserliche Truppen unter Wallenstein im Lande fest.
1627/1628 Im Ersten sogenannten Schwedenkrieg gegen Polen verwüsten die Schweden das Schlochauer Land, in der Schlacht von Hammerstein werden sie 1627 besiegt.

Die Schlieffenkrone im Dom zu Kolberg

1630 Der schwedische König Gustav II. Adolf landet bei Peenemünde auf Usedom und besetzt mit seinen Truppen ganz Pommern. In den Kämpfen gegen die Kaiserlichen werden Bewohner und Land in furchtbarer Weise gequält und verwüstet, 50–70 v. H. der Bevölkerung kommen um („Pommerland ist abgebrannt“).
1637 stirbt in Stettin mit Herzog Bogislaw XIV. das pommersche Fürstenhaus der Greifen aus: Ende der pommerschen Eigenstaatlichkeit. Schweden weigert sich, das Land den erbberechtigten brandenburgischen Kurfüsten zu übergeben. Die Lande Lauenburg-Bütow fallen an Polen zurück.

1648 Der Friedensvertrag von Osnabrück und Münster beendet das sinnlose Wüten des Dreißigjährigen Krieges. Schweden wird im Besitz Rügens, Vorpommerns und der Odermündungen bestätigt, muß jedoch Hinterpommern an den seit 1640 in Brandenburg regierenden „Großen Kurfürsten" Friedrich Wilhelm herausgeben.
1653 wird im Stettiner Grenzrezeß die Teilung Pommerns festgelegt; Brandenburg übernimmt endgültig die Verwaltung in Hinterpommern (Stargard wird Sitz der Behörden), Ernst Bogislaw v. Croy, Schwestersohn des letzten pommerschen Herzogs, wird erster brandenburgischer Statthalter in Hinterpommern.
1656–1660 Im Schwedisch-Polnischen Erbfolgekrieg fallen die Polen unter ihrem Hetman Czarnecki in Pommern ein; die Schweden verwüsten große Teile der späteren Grenzmark (1657 Schloß und Stadt Flatow).

Schloß in Rügenwalde

1657 Aufgrund des Bromberger Vertrages erhält der Große Kurfürst nach seinem Übertritt auf die polnische Seite im Schwedisch-Polnischen Erbfolgekrieg die Lande Lauenburg und Bütow sowie das Amt Draheim (Land Tempelburg) als polnisches Lehen; er verpflichtet sich, die kirchlichen Besitzverhältnisse unverändert zu lassen.
1660 Der Friede von Oliva bestätigt durch die Zustimmung Schwedens die Bestimmungen des Bromberger Vertrages und legt die Souveränität des Großen Kurfürsten als Herzog von Preußen fest.
1668 wird das Land Tempelburg als erledigtes Pfand endgültig an Brandenburg angeschlossen.
Von *1685* an nimmt Preußen aufgrund des Edikts von Potsdam zahlreiche französische Glaubensflüchtlinge („Hugenotten") auf, die auch nach Pommern gelangen (Stettin, Pasewalk, Stargard und Stolp).
1713–1740 König Friedrich Wilhelm I. („Soldatenkönig"). Unter seiner Herrschaft wird in Preußen ein stehendes Heer aufgestellt und mit der Einrichtung eines Beamtenstandes eine geordnete Verwaltung geschaffen – Grundlage für ein modernes Staatswesen.
1717 Der sogenannte „stumme Reichstag" Polens zu Warschau beschließt die Niederreißung aller seit 1632 erbauten evangelischen Kirchen im Lande. Besonders hart davon betroffen sind die vielen evangelischen Deutschen in den späteren Grenzmarkkreisen. Für sie setzt eine Zeit von Glaubensnot und -verfolgung ein; viele fliehen nach Pommern zurück.
1719 Der preußische König Friedrich Wilhelm I., der „Soldatenkönig", ordnet die Aufhebung der Leibeigenschaft auf den Königlichen Domänen an und verbietet das Bauernlegen, doch blieb diesen Bemühungen um eine Verbesserung des Loses der Landbevölkerung noch ein weitreichender Erfolg versagt.
1740–1786 Friedrich II., der Große. In der Regierungszeit dieses größten preußischen Königs werden im Rahmen der

sogenannten Friderizianischen Kolonisation allein in Pommern 159 neue Dörfer angelegt und zahlreiche Brüche und Sümpfe trockengelegt: 1747–1753 Oderniederung zwischen Gartz und Gollnow, Madüsee-Senkung 1770, 1771 Thurbruch auf Usedom, 1774 Plönebruch, 1780 Senkung der Neustettiner Seen; Ansiedlung von 26500 neuen Siedlern.

1757–1763 In den Siebenjährigen Krieg wird auch Pommern hineingezogen: Russische Truppen belagern dreimal das sich heldenhaft verteidigende Kolberg und verheeren große Teile Hinterpommerns, andererseits hindert der Husarengeneral v. Belling die Schweden daran, in Vorpommern einzufallen.

1772 Im Zuge der Ersten Teilung Polens erlischt das Heimfallrecht der Lande Lauenburg, Bütow und Draheim an Polen. Das Schlochauer, Flatower und Deutsch Kroner Land sowie die Gebiete an der Netze fallen im Rahmen Westpreußens und des sogenannten Netzedistrikts an Preußen. Glaubensverfolgung und wirtschaftliche Not haben ein Ende, mit der Urbarmachung des Netzebruchs und dem Bau des Bromberger Kanals setzt ein erheblicher Aufschwung ein.

1806 Die Niederlage Preußens in der Schlacht von Jena und Auerstädt führt auch zur Besetzung Pommerns durch die Franzosen. Im Gegensatz zur eilfertigen Übergabe der Festung Stettin leistet Kolberg unter Nettelbeck und Gneisenau bis zum Tilsiter Friedensschluß tapfer und heldenhaft Widerstand.

1806/1807 In den Stein-Hardenbergschen Reformen erhält Pommern eine neue Städteordnung und die Bauernbefreiung.

1807 Mit der Begründung des Herzogtums Warschau kommt der Südteil der späteren Grenzmark unter polnische Herrschaft (bis 1813).

1808 wird in Treptow/Rega der spätere Historiker und Kämpfer für die schleswig-holsteinische Freiheit Johann Gustav Droysen geboren.

1816–1818 Pommern wird durch die neumärkischen Kreise Schivelbein und Dramburg vergrößert und im Zuge einer neuen Verwaltungsreform in die drei Regierungsbezirke Stettin, Köslin und Stralsund sowie in 25 Kreise gegliedert. Diese Einteilung bleibt im Grundsatz bis 1945 bestehen.

1821 wird in Schivelbein der spätere berühmte Arzt Rudolf Virchow geboren.

1831 kommt in Stolp Heinrich (v.) Stephan zur Welt, der spätere Reorganisator der deutschen Post und Begründer des Weltpostvereins.

1847/1848 wird die Stargard-Posener Eisenbahn, die erste Bahnlinie in der Neumark und der Provinz Posen, eröffnet.

1851 Eröffnung des ersten Abschnitts der Königlich Preußischen Ostbahn Kreuz – Schneidemühl – Bromberg.

1920 tritt der Versailler Friedensvertrag in Kraft, der die Abtretung großer Teile Westpreußens und nahezu ganz Posens an Polen vorsieht.

1922 wird aus den beim Reich verbliebenen westlichen Randgebieten Westpreußens und Posens die neue Provinz Grenzmark Posen-Westpreußen gebildet.

1938 Auflösung der Provinz Grenzmark Posen-Westpreußen; ihre 5 nördlichen Kreise werden mit den beiden brandenburgischen Kreisen Arnswalde und Friedeberg sowie den beiden altpommerschen Kreisen Dramburg und Neustettin vereinigt und als neuer Regierungsbezirk Grenzmark Posen-Westpreußen mit Sitz in Schneidemühl Pommern angeschlossen.

1945 Mit dem Vorrücken der Roten Armee wird Pommern in nie gekanntem Ausmaß zerstört; ein großer Teil der alteingesessenen deutschen Bevölkerung flieht nach Westen über die Oder. Durch das Potsdamer Abkommen wird Pommern entlang der Oder-Neiße-Linie geteilt: Der Westen kommt zur Sowjetischen Besatzungszone, der größere Ostteil mit Stettin wird „unter vorläufige polnische Verwaltung“ gestellt; Pommern hört auf, als verwaltungsrechtlicher Begriff zu bestehen.

1945–1948 Vollständige Ausweisung der noch verbliebenen deutschen Bevölkerung seitens der polnischen Behörden aus dem östlichen Teil Pommerns.

Übersichtskarte der Kreise Greifenberg und Regenwalde

DIE REGA AUFWÄRTS

DIE KREISE GREIFENBERG UND TREPTOW

Eine 330 km lange geradlinige Küste zieht sich von der Nordspitze Usedoms bis zum Rixhöft und weiter bis zum Ende der Halbinsel Hela, nur unterbrochen durch die Mündungen von Swine, Dievenow, Rega, Persante, Wipper, Stolpe, Lupow und Leba. Eine Ausgleichsküste, die in Jahrtausenden vom Meer gestaltet worden ist: Vorsprünge wurden abgetragen und Buchten aufgefüllt bzw. durch schmale Nehrungen abgeriegelt. Steile Kliffe wechseln mit flachen breiten Sandstränden ab: Das ist die Küste Hinterpommerns.

Eine Stelle an diesem Saum zwischen Land und Meer gibt es, die man so leicht nicht wieder vergißt, wenn man sie einmal gesehen hat: Just an dem Punkt, wo der für die Mitteleuropäische Zeit maßgebende 15. Längenkreis die Küste schneidet, liegt die Kirchenruine von *Hoff* – ein letzter Rest eines über 700 Jahre alten Gotteshauses, das in den letzten 85 Jahren fast ganz vom Meer verschlungen worden ist. Um 1250/1270 dürfte sie erbaut worden sein, von deutschen Bauern, die damals das Greifenberg-Treptower Land besiedelten; vielleicht 2 km vom Meer entfernt haben sie ihr Gotteshaus errichtet.

Doch die See hatte es auf das Land abgesehen. Allmählich kam sie näher, riß bei Sturmfluten immer mehr von der 15–17 Meter hohen Steilküste ab. 1772 wandte sich der Pfarrer von Hoff in einer schriftlichen Eingabe an Friedrich den Großen und bat den König um die Zuweisung eines neuen Friedhofsgrundstückes, da die See bereits einige Gräber des nördlich der Kirche gelegenen Gottesackers verschlungen hatte. Bald darauf gab man drei Bauernhöfe auf, die in die Gefahrenzone geraten waren, und schließlich war die Steilküste bis 1835 auf 11,6 m an die Kirche herangekommen. Nach der schweren Ostseesturmflut von 1872 wurde das Gotteshaus geschlossen; es stand nun unmittelbar am Abgrund. Man trug den Dachstuhl ab, überführte die Innenausstattung in den Camminer Dom (wo sie noch heute zu sehen ist) und wartete auf das Ende.

Aber das Meer ließ sich Zeit. Erst im Jahre 1900 stürzte die Nordwestecke als erster Teil der Kirche in die Tiefe, 1901 folgte die Nordwand und 1902 die Nordhälfte des Westgiebels, 1922 dessen Südhälfte. Zwei Bögen des Chores folgten später. Der Rest wartet nun seit Jahrzehnten auf sein Schick-

sal – wer weiß, wann es die Kirche ganz ereilt. Die Ironie eben jenes Schicksals wollte es, daß das kurz vor 1900 errichtete neue Gotteshaus von Hoff 1945 von den Russen zerstört wurde – so gibt es hier heute zwei Kirchenruinen.
Etwa 20 km östlich von Hoff mündet die *Rega* in die Ostsee, der westlichste der sechs größeren hinterpommerschen Küstenflüsse, ihr Name bedeutet soviel wie „Fluß". Folgen wir ein wenig ihrem 190 km langen Lauf aufwärts in die Kreise Greifenberg und Regenwalde hinein.
Da ist zuerst *Treptow*, das heutzutage als „Stadt wertvoller Baudenkmäler" gilt. Das ist sicher richtig, wenn man bedenkt, daß trotz der bedeutenden Kriegsschäden (45 v. H. der Bausubstanz) die Stadt durch einen geschickten Wiederaufbau um den Marktplatz herum ihren alten anheimelnden Charakter einer pommerschen Kleinstadt wiedererhalten hat. Nur die Nordwestseite des Marktplatzes ist noch offen, hier sieht man auch den Verfall, der sich hinter den schönen Fassaden in den Hinterhöfen und Nebenstraßen ausbreitet. Unter den erhaltenen bzw. wiederhergestellten Baudenkmälern befindet sich die eindrucksvolle, das Stadtbild weithin beherrschende St. Marienkirche mit ihrem 90 m hohen Turm. Die dreischiffige hochgotische Hallenkirche weist bis heute Grabplatten und Epitaphe mit deutschen Inschriften auf. Die beiden großen Glocken aus den Jahren 1390 und 1515 konnten sogar die Stürme des letzten Krieges überdauern. Auch das im Kern mittelalterliche, 1701 erneuerte Rathaus gehört dazu, ebenso wie die kleine Heilig-Geist-Kapelle, in der 1534/1535 der „Landtag zu Treptow" auf Anraten Johannes Bugenhagens, der hier 1504–1521 Rektor an der Lateinschule war, die Einführung der Reformation in Pommern beschloß. Heute dient dieser wahrhaft historische Bau den griechisch-unierten Ukrainern, die sich nach 1945 aus der Sowjetunion aussiedeln ließen, weil sie nicht unter deren Herrschaft leben wollten, als Gotteshaus.
Treptow, das erstmals 1232 als „Trebetowe" urkundlich erscheint, verdankt seine Entstehung dem unweit von hier

Kirchenruine in Hoff an der Ostsee

von Prämonstratensermönchen aus Lund gegründeten Kloster *Belbuck*. Es erhielt 1277 lübisches Stadtrecht und wuchs wegen der Nähe des Meeres zu einer blühenden Hansestadt heran, die bald in Konkurrenz zu dem etwas weiter regaaufwärts liegenden Greifenberg trat. In Treptow kam 1808 Gustav Droysen zur Welt, Historiker und Abgeordneter der Schleswig-Holsteiner in der Frankfurter Paulskirche. Er hat sich damals mit Wort und Tat für die Befreiung Schleswig-Holsteins von der dänischen Herrschaft eingesetzt.
Das Kloster Belbuck, das um 1200 verfallen war und 1208 mit Mönchen aus dem friesischen Mariengaarde wiederbesetzt

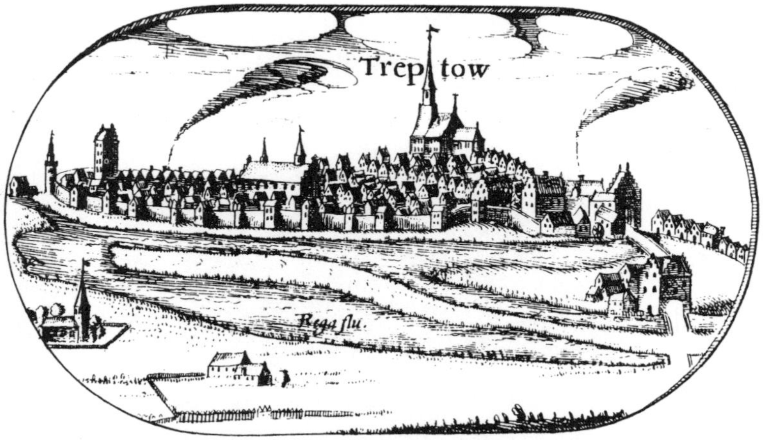

Treptow/Rega – Ansicht von Lubinus (1618)

wurde, erwarb im Mittelalter einen ansehnlichen Besitz, der im Volksmund schlichtweg die „Abtei“ oder in der Mundart „Abdü“ genannt wurde. Bis 1945 zeichneten sich noch die einstmals dazugehörigen Dörfer durch ihre rein bäuerliche Struktur aus. Stattliche Vierkanthöfe und die überlieferte, allerdings im Schwinden begriffene „Belbucker Tracht“ zeigen uns, daß der Spruch „unter dem Krummstab ist gut leben“ seinen tieferen Sinn hatte.

Im Süden des Kreises liegt *Greifenberg,* das erstmals 1262 noch ohne Namen als „nova civitas super Regam“ urkundlich erscheint, 1262 bereits unter seinem Namen „Gryphenberch“ genannt ist. Auch diese Stadt gehörte im Mittelalter der Hanse an, da die Rega bis hierher von kleinen Schiffen befahren werden konnte. Bereits 1386 konnte hier eine der ältesten Schulen Pommerns, eine Lateinschule, aus der das spätere Gymnasium hervorging, gegründet werden. 1939 zählte Greifenberg 10817 Einwohner, die überwiegend in Handel, Gewerbe und Verwaltung ihr Auskommen fanden. Greifenberg wurde am 5. März 1945 von sowjetischen Truppen erobert, ohne daß es dabei zu Kampfhandlungen gekommen wäre. An den nächsten drei Tagen steckten sie große Teile der Altstadt in Brand, vor allem die Geschäfte um den Marktplatz herum, und führten auf ihre Weise damit Klassenkampf gegen die Bourgeoisie. Das Ergebnis war eine vierzigprozentige Vernichtung der Bausubstanz! Wie hier wurde 1945 vielerorts gegen den „Klassenfeind“ gekämpft – mit ähnlichen Ergebnissen. Die solcherart entkernten Städte boten jahrzehntelang ein trauriges Bild des Verfalls und sind noch heute leicht zu erkennen.

Nur ein paar Kilometer südlich von Greifenberg liegt *Plathe* oder „Plot“, wie man auf plattdeutsch sagte. Ebenfalls an die Rega angelehnt, ist es die „Stadt der zwei Schlösser“. Sind Treptow und Greifenberg bereits im Mittelalter recht selbstbewußte Bürgerstädte gewesen, so finden wir mit Plathe erstmals einen anderen Stadttyp vor, den der adeligen *Mediatstadt.* Hierbei handelt es sich um städtische Siedlungen, die vom ansässigen Landadel im Mittelalter auf dessen Grund und Boden angelegt worden sind, aber in dessen Gerichtsbarkeit verblieben, zum Teil sogar in dessen Eigentum.

Der Kreis Regenwalde, dessen Gebiet wir mit Plathe erreicht haben, war eine Gegend, in der der Adel seit grauer Vorzeit ansässig war, so daß die Besitzungen der beiden bedeutendsten Familien später als *Ostenscher* und *Borckescher Kreis* zusammengefaßt wurden. Plathe wurde 1277 von dem Ritter Dubislaw von Woedtke, der an der unteren Rega reich begütert war, angelegt und verblieb fortan im Besitz des Adels. Seit 1571 gehörte es den Familien von der Osten (aus niedersächsischem Geschlecht) und Blücher (diesen bis 1731).

Als 1869 das sogenannte Blücherschloß durch Brandstiftung abbrannte (man ließ es übrigens bis 1945 als Ruine stehen, erst die Polen haben es wiederhergestellt), ließ der damalige

Greifenberg – Ansicht von Lubinus (1618)

Schloß Stargordt (Kr. Regenwalde)

Grundherr von Plathe das andere Schloß, hervorgegangen aus dem einstigen Schloßgut, ausbauen. Hier befand sich bis 1945 die größte Privatbibliothek Pommerns, eine äußerst wertvolle Sammlung von Hand- und Druckschriften zur Geschichte dieses Landes, mit vielen alten Stichen, Münzen und Ölgemälden. Sie wurde seit etwa 1750 von dem 1721 geborenen Kammerherrn und Johanniterkomtur Friedrich Wilhelm v. d. Osten zusammengetragen und von seinen Erben nicht nur zusammengehalten, sondern weitergeführt. Ihr letzter Besitzer war Carl Graf v. Bismarck-Osten. Heute sind die Bestände, soweit sie erhalten blieben, im wiederhergestellten Blücherschloß als Dependance des Stettiner Staatsarchivs untergebracht.

Das kleine Landstädtchen *Regenwalde* liegt nur wenige Kilometer von der einstigen Grenze der Neumark entfernt, die damals in der Molstow verlief. Oft kamen daher Bauern aus dem benachbarten Schivelbeiner Land zum Markt nach Regenwalde, um dort ihre Waren anzubieten. Für die pommerschen Bauern waren sie jedoch lästige Konkurrenten, denen man gern eins heimzahlte. Vielleicht war auch die lose Zunge der Neumärker daran schuld, denn nur zu gern ärgerten sie die Regenwalder wegen deren eigenartiger

Mundart: „Neigeteige Kreige-Eige“ (=19 Kräheneier) war ein geflügeltes Wort, das man in Regenwalde nicht gern hörte. Dann kam es schnell zu einer „Keilerei“, wie man in Pommern zu sagen pflegte, und die Neumärker waren um eine Weisheit reicher: „Wer sinen Puckel will behollen hel, de höd sick vör Labs un Stramehl, wer sinen Puckel will hebben vull, de gah nach Regenwull“.
Lange Jahrhunderte war Regenwalde eine adlige Mediatstadt, die nach 1255 im Auftrage der Borckes von einem Kolberger Bürger gegründet worden war und von den Grundherren

Plathe – Ruine des Blücherschlosses

lübisches Recht erhalten hatte. 1288 bestätigten Vidante und seine Söhne, die sich mit den Borckes in die Herrschaft über die Stadt teilten, das Gründungsprivileg. Nach 1818 sollte Regenwalde zum Sitz des neuen, nach dieser Stadt benannten Kreises aufrücken, der seinen Namen noch beibehielt, als um 1840 der Landrat nach Labes zog. 1939 lebten in Regenwalde 5006 Einwohner.
Weiter auf dem Wege die Rega aufwärts erreicht man bald *Stargordt.* Schon sein Name – „alte Burg“ – verrät, daß wir es hier mit einer sehr alten Ansiedlung zu tun haben: Es ist einer der Stammsitze des Geschlechts derer v. Borcke. Diese zum pommerschen Uradel zählende Familie hatte seit alter Zeit ihre Besitzungen hauptsächlich im Gebiet an der mittleren Rega, sie waren bis 1815 zu einem eigenen Borckeschen Kreis zusammengefaßt. Dieses Geschlecht wandte sich schon im 12. Jahrhundert dem Christentum zu und setzte auf seinen Ländereien zahlreiche deutsche Bauern an; viele Mitglieder dieser Familie haben in späteren Jahren dem preußischen Staat treu gedient und bedeutende Stellungen innegehabt. Einer von ihnen, Feldmarschall Adrian Graf v. Borcke, errichtete 1721 in Stargordt ein prächtiges Barockschloß, das, später erweitert, eines der schönsten seiner Art in Pommern war. 1945 fiel es der Plünderung und Brandschatzung durch die Rote Armee zum Opfer; bis auf einen kleinen Rest ist nichts mehr von der einstigen Pracht vorhanden. So vergeht der Ruhm der Welt!
Südlich von Stargordt zieht die Rega einen weiten Bogen und fließt fast in dieselbe Richtung zurück, aus der sie gekommen ist. Hier liegt *Labes*, der Hauptort des Kreises Regenwalde. Vor dem Kriege war es ein stilles, verträumtes Kreisstädtchen mit 7322 Einwohnern, eine D-Zug-Station an der Hinterpommerschen Eisenbahn auf dem Wege von Stettin nach Danzig. Viele Brände haben die alte Stadt heimgesucht, so daß nicht allzuviel auf uns gekommen ist – vor allem nicht die Burg, die Borko, der Gründer der Stadt, erbauen ließ; auch er ein Angehöriger, wenn nicht Ahnherr der Borckes. Noch vor

1295 soll die Anlage der Stadt erfolgt sein. Sie erhielt lübisches Recht, wie die meisten Städte in den Küstenbereichen Pommerns, und blühte und gedieh, soweit es die adligen Grundherren zuließen – was nicht immer der Fall war.

Labes war im Pommerlande durch zweierlei bekannt: sein schönes Krippenspiel, das an jedem Weihnachten in der Stadtkirche aufgeführt wurde, und durch das Pommersche Landgestüt unweit der Stadt, das der preußischen Kavallerie viele tausend „Remonten", das sind Jungpferde, geliefert hat. Aber auch die Labeser Schlurren waren ein Begriff:

„Ein Lobes'ser Schauster möckt Stäwel un Schlurren
so hädd hei ok Gild un brukt nich tau schnurren.."

Wangerin, die südlichste der vier Städte im Regenwalder Kreise, wird erstmals 1348 urkundlich als Sitz einer jüngeren Linie des Labeser Hauptstammes der Borckes genannt – und damit ist eigentlich alles gesagt: Jahrhundertelang stand das kleine Städtchen im Schatten seiner adeligen Herren, von ihnen erhielt es vor 1460 das lübische Stadtrecht verliehen, und sie bestimmten das Wohl und Wehe dieser Landstadt. Bis zu seiner Zerstörung 1945 lag das Borckesche Schloß inmitten der Stadt in einem alten wendischen Ringwall – als ein schlichter Fachwerkbau.

Bei so viel Bevormundung konnte sich kein großes städtisches Selbstbewußtsein entwickeln. So nimmt es kaum wunder, daß die hochweisen Stadtväter von Wangerin sich 1859 dagegen wehrten, Grund und Boden für eine neumodische „Eisen-Bahn" herzugeben, bei der „die Kutschen von selbst fahren, was man kaum glauben kann". Nun denn, sie haben ihre Entscheidung getroffen: Das 5 km entfernte Dorf *Ruhnow* erhielt den Bahnhof. Hier zweigte man 1877 die „Pommersche Centralbahn" über Neustettin nach Konitz ab und versah die Wangeriner mit einer Station an dieser Bahn, denn jetzt hatten sie begriffen, welcher Zug an ihnen vorübergefahren war! So erkennt manch einer erst dann sein Glück, wenn es bereits zu spät ist, nicht immer findet man noch Anschluß, wie die Wangeriner...

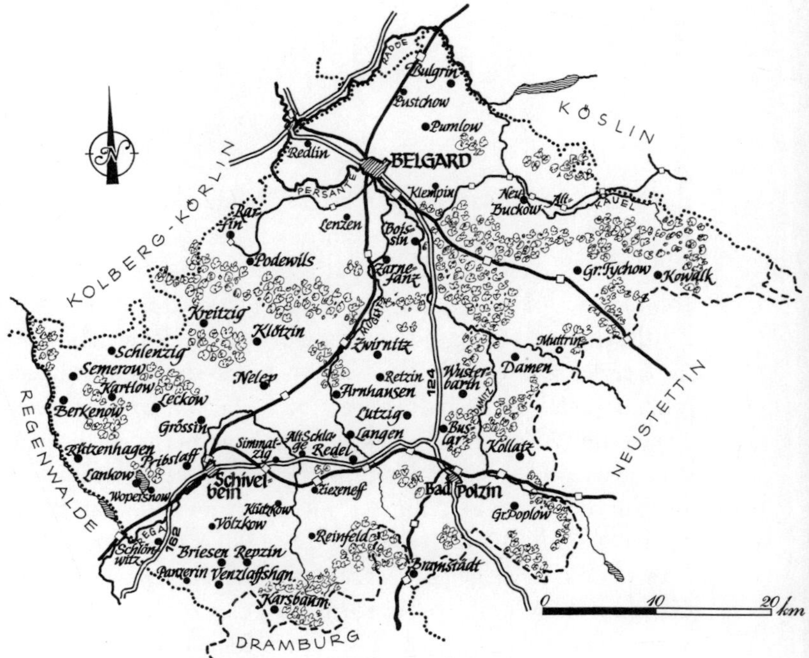

Übersichtskarte des Kreises Belgard

IM MITTLEREN HINTERPOMMERN
DAS BELGARD-SCHIVELBEINER LAND

Der Kreis Belgard war – so wie er bis 1945 bestand – mit 1650 qkm und 79183 (1939) Einwohnern einer der größten Landkreise Pommerns. Er bildete ein kompaktes Gebiet im mittleren Hinterpommern, das im Süden bis auf die Höhen des Pommerschen Landrückens, im Norden bis zum Krummen Wasser und zur mittleren Radüe hinaufreichte und im Osten von Radüe und Krautel begrenzt wurde.

Seit der 1932 erfolgten Auflösung des Kreises Schivelbein gehörte auch das obere Regagebiet bis an die Molstow im Westen dazu.

Sehr zum Leidwesen der Schivelbeiner hatte man bei einer Gebietsreform in Preußen diesen bis dahin kleinsten Kreis Pommerns zum Kreis Belgard gelegt, von dem ihn mehr trennte, als es Gemeinsames gab. Das liegt in der so andersartigen Geschichte begründet, die den Kreis *Schivelbein* bis 1815 auf der politischen Landkarte als nordöstlichsten Zipfel der brandenburgischen Neumark erscheinen ließ. Er reichte im Norden bis an das Fürstentum Cammin, das einstige weltliche Herrschaftsgebiet der Camminer Bischöfe, und trennte damit Hinterpommern in einen westlichen und einen mittleren Teil. Dieser brandenburgische Keil, der sich bis auf 30 km der Ostsee näherte, war ein Ergebnis des ständigen Vordringens der brandenburgischen Markgrafen aus dem Hause der Askanier, das bis 1319 in Pommerns südlichem Nachbarland herrschte. Ursprünglich reichte ihr Einfluß nur bis zur oberen Rega, die sie mit der Einnahme der Burg Schivelbein um 1266 erreicht hatten. 1280 war das zwischen Drage und Rega gelegene Land Schivelbein fest in ihrem Besitz. Ihrem weiteren Vordringen zur Ostsee hatten die Camminer Bischöfe kurz zuvor einen Riegel vorgeschoben, indem sie 1276/1277 auch den Westteil des Kolberger Landes erwarben. Dieses reichte wohl bis zur oberen Rega bei Schivelbein und umfaßte damit Teile des Landes „Zinnenburg“ (diese sonst nicht näher bekannte Burg lag wahrscheinlich auf dem Mildenberg bei Schlönwitz) und nach einem 1280 erfolgten Schiedsspruch auch das Land Arnhausen.

1296 erscheint bei der Burg Schivelbein, die einen wichtigen Übergang über die Rega sicherte, erstmals eine deutsche Stadt mit brandenburgischem Recht. Sie war – ihrer exponierten Lage wegen – schon damals mit Mauern und Türmen umgeben, von denen einer sinnigerweise den Namen „Kiek in Pommern“ trug. Die deutsche Besiedlung des Landes erfolgte zumeist von Süden, von der Neumark her und wurde besonders von dem aus Holstein stammenden Geschlecht v. Wedel getragen, das 1319 - 1384 im Besitz dieses auf drei Seiten von Pommern begrenzten Gebietes war. 1384 verkauften sie es an den Deutschen Ritterorden, der das „feste Haus“ der Wedels an der Rega zu einer massiven Ordensburg ausbaute. Bis 1455 währte die Ordensherrschaft, seither gehörte Schivelbein wieder mit der gesamten Neumark zu Brandenburg. Ab 1540 bis zur Aufhebung ihres Ordens 1808 saßen die Johanniter auf dem Schloß.

In den ersten Jahren seiner Zugehörigkeit zu Pommern wurde 1821 in Schivelbein der spätere große Arzt Rudolf Virchow geboren. In seinen jungen Jahren befaßte er sich vielfach mit der Geschichte seiner Vaterstadt und gab dazu drei Schriften heraus, die ihn als bedeutenden Heimatforscher erweisen – eine Seite, die man an dem späteren Politiker der „freisinnigen Partei“ und Gegner Bismarcks wohl kaum kennt. 1902 starb er in Berlin.

Im Gegensatz zu Schivelbein konnten die Pommernherzöge das *Belgarder Land* immer behaupten. Dies war wegen des brandenburgischen Keils, der sich zwischen Belgard und Labes nach Norden schob, nicht ganz einfach – um so mehr, als ab 1300 die Camminer Bischöfe ihr Territorium um das Land Bublitz erweitern und damit von den seit 1317 ebenfalls zu Pommern-Wolgast gehörenden Ländern Schlawe und Stolp trennen konnten. So bildete das Land Belgard mit dem Gebiet der damals zugehörigen späteren Vogtei Neustettin eine pommersche Exklave, die im Westen von Brandenburg, im Norden und Osten vom Bistumsland umgeben war, im Süden an das seit 1368 zu Polen gehörende Land Krone grenzte.

Zur Sicherung dieses gefährdeten Außenpostens, durch den die alte, bis in vorgeschichtliche Zeit zurückreichende Salzstraße von Kolberg nach Mittelpolen verlief, gründeten die Herzöge bei deren Übergang über die Persante eine Stadt, die 1299 lübisches Recht erhielt. Der Name *Belgard* bedeutet „weiße Burg“ – er ist damit dem Namen der Hauptstadt

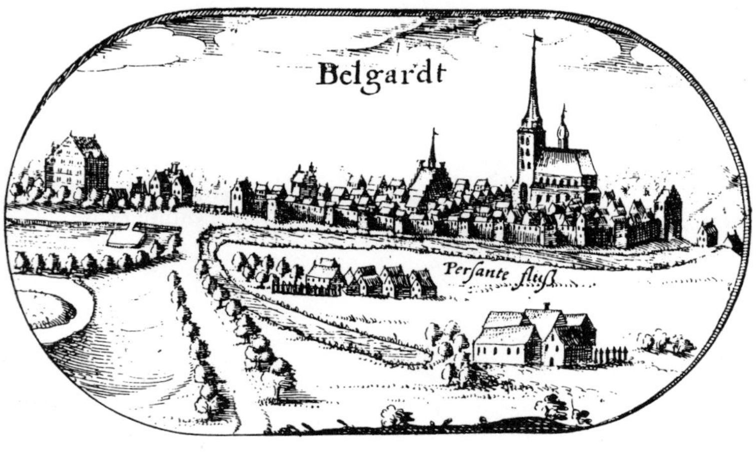

Belgard – Ansicht von Lubinus (1618)

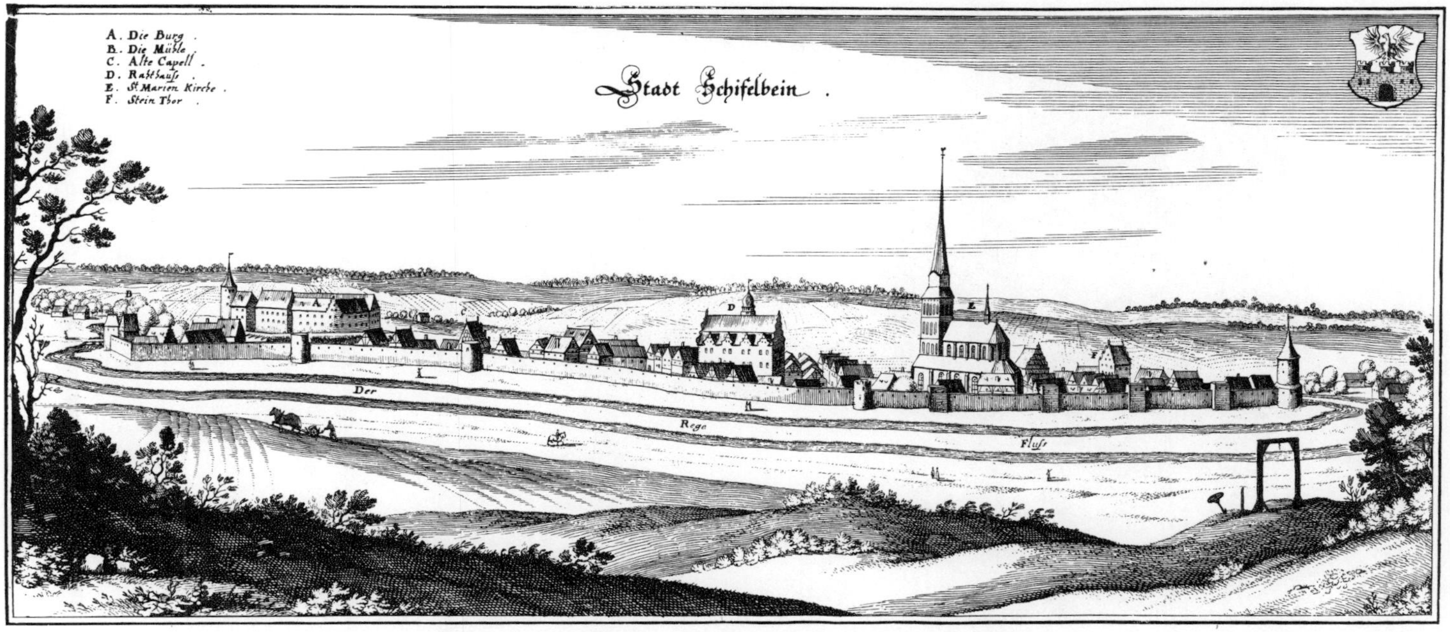

Schivelbein – Panorama-Ansicht von Merian (1652)

Jugoslawiens verwandt, die noch im Mittelalter als „Ungarisch-Weißenburg“ bezeichnet wurde.
Die „Weiße Burg“ war in den vielen Kriegen zwischen den Polen und Pomoranen zu Beginn des 12. Jahrhunderts oft umkämpft, 1102 und 1107/1108 nahm sie der Polenherzog Boleslaw III. ein, konnte sie aber nicht behaupten. 1124 besuchte Otto von Bamberg auf seiner ersten Missionsreise auch Belgard.
Die regelmäßige, aber verhältnismäßig kleine Stadtanlage Belgards ist bis auf den heutigen Tag gut zu erkennen: Noch immer wird der quadratische Marktplatz auf drei, später vier Seiten von alten Gebäuden gesäumt, darunter zwei Rathäusern – überragt von der Marienkirche mit ihrer „welschen Haube“, einem der schönsten pommerschen Gotteshäuser. Von 1859 an, nach dem Eisenbahnbau, entwickelte sich die bis dahin kleine Kreisstadt zu einem bedeutenden Bahnknotenpunkt und Mittelpunkt eines weiten, nach Süden reichenden Landgebietes mit mehreren Behörden, weiterführenden Schulen und einer bedeutenden Garnison. Das ist – unter veränderten politischen Vorzeichen – bis heute so geblieben, wobei Belgard insofern unter den pommerschen Städten eine Ausnahme bildet, als das Stadtzentrum 1945 nur geringe Zerstörungen erlitt. Trotz des vielfach zu beobachtenden Verfalls zeigt es besonders um den Marktplatz noch weithin die Züge einer alten pommerschen Kleinstadt.
Der Süden des Kreises Belgard gehört bereits zum Pommerschen Landrücken. Die kuppige, wald- und seenreiche Landschaft, die hier bis über 200 m aufragt, gehört zu den schönsten Strichen in Pommern, sie wird wegen ihres gebirgigen, schluchtenreichen Charakters auch „Pommersche

Die stärkste Eiche Pommerns in Klein Dewsberg bei Bad Polzin

Schweiz" genannt. Was Wunder, daß sich hier ein Erholungsgebiet entwickelte, zumal bereits seit dem 17. Jahrhundert in dem Städtchen *Polzin* „gebadet" wurde.
Ein eigenartiger Zufall brachte die Heilquellen ans Licht. 1688 zeigte die Wugger, ein kleiner Bach, der an Polzin vorbeifließt, plötzlich ein trübes, milchiges Aussehen. Ein Grobschmied ging der Sache nach und entdeckte eine neue Quelle, deren Wasser in die Wugger abfloß. Zu Pfingsten des betreffenden Jahres ging er mit einem Freund hinaus, um sich zu „erlustigen", wie es in einer alten Chronik heißt. Dabei fiel einer der beiden ins Wasser. Nach einer schweißdurchnäßten Nacht stellte er morgens fest, daß seine Augenentzündung und eine hervorgetretene Krampfader verschwunden waren. Er animierte andere zum Gebrauch dieser Quelle. *Bad Polzin* war geboren. Schon 1689 wurde ein Gebäude zur Unterbringung der Kurgäste errichtet, nachdem mehrere Ärzte den heilenden Wert der Quelle erkannt hatten.
1712 erschien mit dem Herzog Ferdinand von Kurland bereits der erste prominente Kurgast. Polzin erfreute sich immer größerer Beliebtheit. 1773 empfahl der Belgarder „Physikus" Barnwasser den Badegästen: „In der Zeit, da man im Wasser ist, muß man die kranken Glieder mit einem Tuche im Wasser reiben und das Wasser mit Händen und Füßen bewegen, weil alsdann die mineralischen Teile stärker in dem Körper wirken. Ferner, wer den Rauchtabak gewohnt ist, kann mit Nutzen im Bade rauchen, indem sich dadurch die Blähungen stärker zerteilen."
Um 1800 erstand der Kammerherr v. Borcke auf Schloß Falkenburg das Badehaus, baute es aus und nannte es „Lui-

Abendmahlskelch aus Roggow

senbad". Später kam noch bei einer inzwischen entdeckten Eisenquelle das „Friedrich-Wilhelms-Bad" hinzu; 1852 wurde das Johanniter-Krankenhaus eröffnet, in dem man seit 1857 nach dem Vorbild von Marienbad auch Moorbäder verabreichte. Nach 1870 wurden die Kureinrichtungen ständig ausgebaut und modernisiert, und seit 1928 durfte sich das bereits um 1335 gegründete Städtchen stolz „Bad Polzin" nennen. 1938 wurden rund 17000 Kurgäste mit fast 187000 Übernachtungen gezählt. Bad Polzin war damit zum bedeutendsten Binnenkurort der norddeutschen Tiefebene geworden.

Eines Faktotums müssen wir noch gedenken: der Tante von Polzin. Man schrieb das Jahr 1900. Über den Marktplatz von Polzin schritt ein Berliner. Mit dem hellen Blick des Spreeatheners erspähte er eine Marktfrau, die, etwa Mitte der sechziger Jahre alt, durch ihr schreiend buntes Kleid und ihren karierten Schirm auffiel. Passanten erklärten ihm auf sein Befragen, dies sei die „Krebsjuste", und deuteten dabei vielsagend mit dem Finger an die Stirn. Mit einem Vers aus dem gerade gängigen Schlager, der – nicht sehr geistreich – eine „Tante von Polzin" besang, näherte er sich ihr und wollte sich einen Spaß machen.

Doch Auguste Kolbe, verehelichte Fick, war ebenso helle wie der Schlaukopf aus der Reichshauptstadt. Er legte ihr dar, sie sei das geborene Urbild der „Tante von Polzin" und bat sie, in ihrem abenteuerlichen Kostüm für ein Postkartenfoto Modell zu stehen. Sie ging darauf ein, forderte aber von dem Postkartenverlagsfotografen – denn das war der Beruf unseres Berliners – für sich gratis 2000 Ansichtskarten, die sie fortan in Bad Polzin den Badegästen anbot. Wer sie dann in ihrer provinziell-komischen Aufmachung sah, wie sie ihre Karten darbot, konnte meist nicht widerstehen und kaufte schmunzelnd das Konterfei der „Tante", um es als Ulk irgendwohin zu verschicken. So wurde die „Tante von Polzin" in den Jahren vor dem Ersten Weltkrieg ein Fotostar – lange bevor es Film- und Fernsehstars geben sollte.

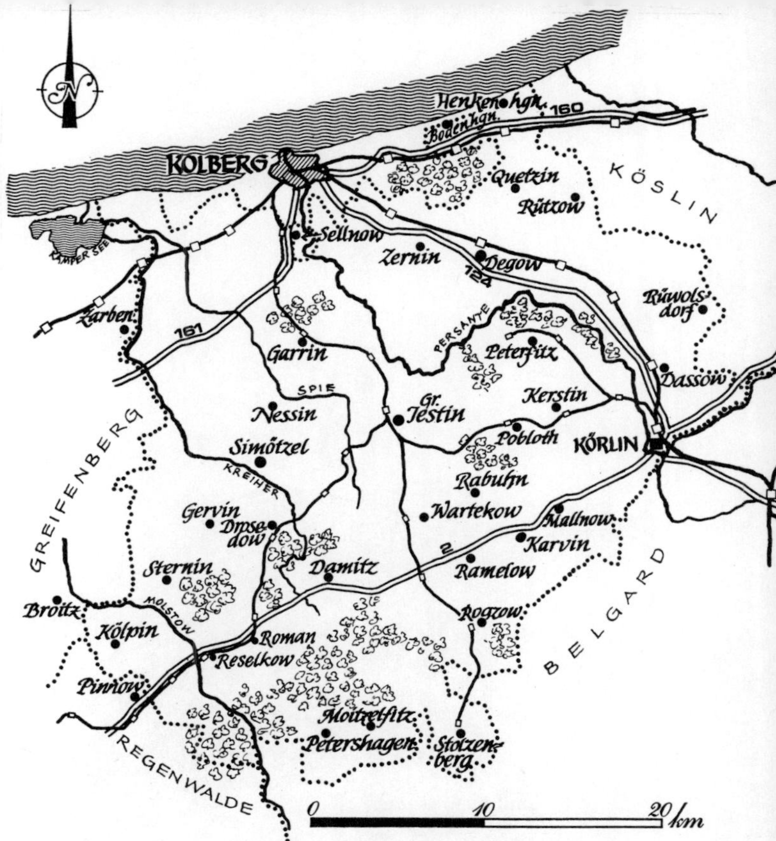

Übersichtskarte des Kreises Kolberg-Körlin und der Stadt Kolberg

IM WESTLICHEN FÜRSTENTHUMER LAND

KOLBERG UND SEINE UMGEBUNG

Weithin schwingt sich der weiße Strand, der sich östlich der Regamündung entlangzieht, nur von der Mündung der *Persante* unterbrochen. Dieser 165 km lange hinterpommersche Küstenfluß war in alter Zeit in seinem Unterlauf befahrbar, seine Mündung bot heimischen Schiffen Schutz und Zuflucht. Unweit der Stelle, wo er ins Meer fließt, fand sich Salz – ein im Mittelalter begehrtes Handelsgut; konnte man doch damit Fisch und Fleisch haltbar machen.

So ist es eigentlich ganz folgerichtig, wenn uns der aus dem Geschlecht der Stader Grafen stammende und mit den Otto-

Kolberg – Dom

nen verwandte Bischof Thietmar von Merseburg († 1018) von einem Ort namens „salsa Cholbergiensis" berichtet, der unweit des Meeres an der Persante gelegen sei und in dem im Jahre 1000 der polnische Herzog Boleslaw I., der Tapfere, den deutschen Mönch Reinbern zum Bischof eingesetzt haben soll. Er hatte kurz zuvor das Land der heidnischen Pomoranen erobert, wollte es christianisieren und damit seinem Reich fest einfügen. Doch dieser Versuch mißlang: Reinbern wurde nach dem Abzug der Polen vertrieben und die „salsa Cholbergiensis" fiel in die Geschichtslosigkeit zurück – *Kolbergs* Zeit war noch nicht gekommen.

Die frühgeschichtliche Stätte der ersten Missionierung im Pommerlande lag keineswegs an der Stelle des heutigen Kolberg, sondern ein paar Kilometer die Persante aufwärts, bei dem Gut *Altstadt.* Dieser Name bezeichnet somit nicht die Altstadt Kolbergs, sondern die alte Siedlungsstätte, die später zugunsten der näher am Meere liegenden deutschen Neugründung aufgegeben wurde. Die noch bestehende kleine Kapelle deutet vielleicht auf die Stelle der ältesten Kirchengründung Pommerns hin. Das frühere Rittergut ist heute ein Gestüt, von hier bietet sich ein Ausblick besonderer Art: Die neue Silhouette Kolbergs zeigt sich mit klobigen, kalkweißen Scheibenhochhäusern, die gerade noch der Turm des Domes überragt.

An dieser neuen Stätte, näher dem Meere zu und unweit der Salzquellen, legten in der Mitte des 13. Jahrhunderts deutsche

Türklopfer vom Kolberger Dom

Kolberg – Panorama-Ansicht von Merian (1652)

Kaufleute aus dem niedersächsischen Raum, vorwiegend aus Lübeck und Greifswald, eine neue Stadt an, die 1255 von ihren beiden Landesherren das lübische Stadtrecht in seiner Greifswalder Form erhielt. Das geschah kurz nachdem der pommersche Herzog Wartislaw II. dem Camminer Bischof Hermann von Gleichen 1248 den östlich der Persante gelegenen Teil des Landes Kolberg als weltliches Herrschaftsgebiet überlassen hatte. 1276/1277 folgte auch der westliche Teil, so daß die Camminer Bischöfe sich bald entschlossen, hier ihren ständigen Sitz zu nehmen, obwohl Cammin bis zur Reformation die offizielle Bischofsstadt blieb. Die Folge war, daß die 1282 schon bestehende Marienkirche zur Domkirche erhoben wurde, nachdem an ihr vorher ein Kollegiatstift eingerichtet worden war. Sie wurde in der Blütezeit Kolbergs während der Hansezeit mehrfach umgebaut und zu einer fünfschiffigen Hallenkirche erweitert, die ursprünglich

geplanten zwei Türme fügte man zu einer massigen Westfront zusammen, die mit dem gewaltigen Dach dem Bau etwas Erdhaftes, Schweres und Kantiges verleiht – ein Stück pommerschen Wesens. Im pommerschen Volksmund war der Dom unter den großen Kirchen des Landes „die Weite". Seine reiche mittelalterliche Innenausstattung blieb über die Reformationszeit hinaus bis 1945 erhalten – eine Ausnahme unter den evangelisch gewordenen Gotteshäusern.
Bis zur Zerstörung der Stadt im März 1945 gab es in Kolberg noch einige mittelalterliche Bürgerhäuser, die mit ihren schönen Fassaden vom einstigen Wohlstand der Bevölkerung zeugten. Kolbergs Lage an der Mündung der Persante in die Ostsee, sein Salz, das auf einem alten Handelsweg über

Kolberg – Merkurhaus

Belgard – Alt Draheim – Nakel nach Polen verfrachtet wurde, der damalige Fischreichtum der Ostsee, der es den Kolbergern ermöglichte, schon 1372 eine eigene Vitte (Heringsstapelplatz) an der Küste Schonens anzulegen, und die weitreichenden Handelsverbindungen zu den westlich und östlich gelegenen Schwesterstädten im Bund der Hanse, dem Kolberg mindestens seit 1304 angehörte, haben der Bürgerschaft Wohlstand und Macht verliehen, so daß sie sich mit wehrhaften Mauern vor Feinden schützen konnte.
Unter den vielen namhaften Ratsgeschlechtern der Stadt, die uns aus dem Mittelalter überliefert sind, ragen die Schlieffen hervor, deren Ahnherr Henning Sleif aus niedersächsischem Adel stammte und 1378 in Kolberg verstarb. Bis 1751 gehörten 26 Mitglieder dieser Familie dem Rat an. Da sind ferner die Braunschweigs, deren Herkunft unschwer zu erraten ist: Sie stellten 1292–1710 immerhin 15 Ratsherren. Auch die ähnlich verdienstvollen *Holks* mögen hier genannt sein.
Kolberg und Stralsund sind in der Geschichte Pommerns die Städte mit der großen Festungstradition. Die mittelalterliche Wehrhaftigkeit wurde im 17. Jahrhundert vielfach mit Bastionen, dreieckigen Erdwällen nach dem Vaubanschen System, erweitert – so geschah es auch in Kolberg. Im Siebenjährigen Krieg war die Stadt daher ein Angriffsziel russischer Truppen, die damals Pommern überschwemmten. Dreimal – 1759, 1760 und 1761 – lagen sie vor den Wällen und versuchten die Festung einzunehmen, zweimal vergebens, 1761 gelang es ihnen. Hinterpommern machte damals seine erste Bekanntschaft mit den Russen – lange, bevor deutsche Truppen nach Rußland vordrangen.
Doch Kolbergs Ruhm als tapfere, unbezwingbare Festung datiert aus dem Jahre 1806, als französische Truppen Preußen überrannten und viele Festungen, so auch die Hauptstadt Stettin, ohne großen Widerstand den Feind in ihre Mauern ließen. Nicht so Kolberg: Der „Bürgerrepräsentant" Nettelbeck und der noch junge Kommandant Gneisenau verteidigten die Stadt gegen einen überlegenen Feind. Da Preußen den

Krieg verloren hatte, ließ der überaus harte Friede von Tilsit dieses Opfer sinnlos erscheinen.
Vergebens war es nicht. Zusammen mit einigen wenigen anderen Festungen, wie etwa dem westpreußischen Graudenz unter dem Kommando des Generals hugenottischer Abkunft Courbière, hatte Kolberg gezeigt, was Ehre, Vaterlandsliebe und Tapferkeit bedeuten. Das sollte für die Befreiungskriege der Jahre 1812–1815 von Bedeutung werden: Kolberg, Graudenz und andere Festungen wurden Vorbild für ein ganzes Jahrhundert, was bis 1945 nachwirkte.
Das Jahr 1945 sieht Kolberg wiederum in der Rolle einer Festung, obwohl es in Wirklichkeit gar keine mehr ist. Wieder mußte sich diese Stadt opfern, als sie sich im März des letzten Kriegsjahres, von sowjetischen und polnischen Truppen eingeschlossen, noch etwa 14 Tage lang wehrte, um etwa 90000 Flüchtlingen und einigen tausend Soldaten den Abtransport über See zu ermöglichen. Haus um Haus und Stein um Stein wurde erbittert verteidigt, selbst am Strand wurde noch gekämpft. Als Kolberg schließlich am 18. 3. 1945 erobert wurde, war es zu 90 v. H. zerstört – alle historischen Bauten waren betroffen, und nur noch 2800 Menschen vegetierten in den Ruinen der einst 36617 Bewohner zählenden Stadt. Ein letztes Mal waren Tapferkeit und Treue Hoffnung und Rettung für Tausende.
Wenn man heute am Strand von Kolberg entlanggeht, findet man unweit des früheren Strandschlosses das Denkmal der „Vermählung Polens mit dem Meere". Als am 18. März 1945 polnische Soldaten die Ostsee bei Kolberg erreichten, vollzogen sie in einem geradezu rituellen Akt diese „Vermählung" Polens mit dem Meere: Polnische Truppenteile tauchten Regimentsfahnen ins Ostseewasser und gelobten: „Wir schwören, Dich nie zu verlassen, denn Du, das Meer, bist seit Jahrhunderten und auf ewig polnisch!" Und das, obwohl das polnische Siedlungsgebiet niemals bis ans Meer reichte und die „Polanen" sich sprachlich als „Feldbewohner", d. h. Binnenländer zu erkennen geben. Ein Komplex wird hier

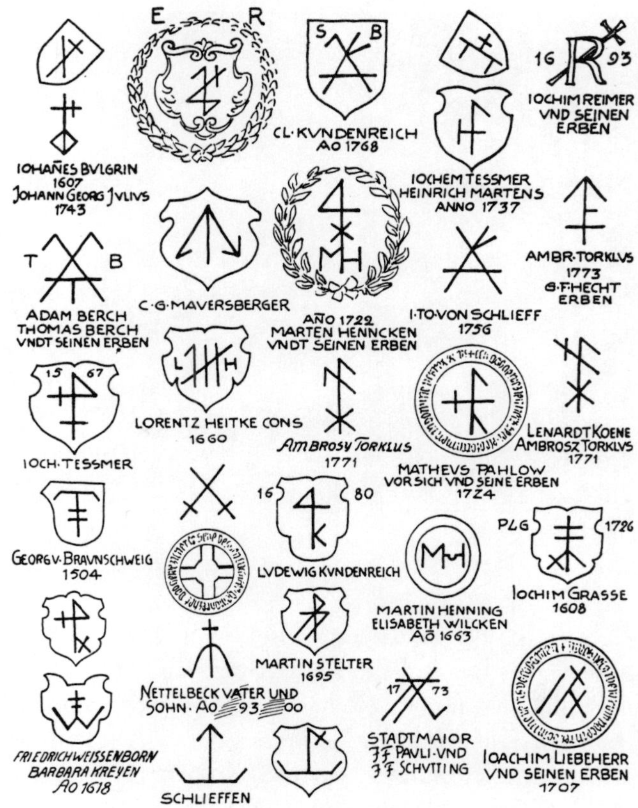

Hausmarken auf Grabsteinen im Dom zu Kolberg

deutlich, der in der neueren polnischen Geschichte vielfach zelebriert wird, dem 1919 – um des polnischen Zugangs zum Meere willen – in Versailles das Selbstbestimmungsrecht der Provinz Westpreußen geopfert und für den 1945 Millionen von Deutschen im deutschen Nordosten von Stettin bis Königsberg aus ihrer Heimat vertrieben wurden.
Die jüngste Rolle Kolbergs ist seine Funktion als Ostseebad. Es gewann an Bedeutung, als 1859 der Bahnanschluß über Belgard nach Stettin und Berlin hergestellt war: 1860 wan-

Körlin – Panorama-Ansicht von Merian (1652)

delte man die jahrhundertealte Saline in ein Solbad um, 1873 wurde die Festung aufgehoben. Mit der Planierung der Wälle und Bastionen war Platz geschaffen zur Entwicklung großzügiger Neubauten. Hotels, Pensionen, Sanatorien und Badeeinrichtungen entstanden, so daß Kolberg 1938 mit fast 700000 Übernachtungen und 58000 Gästen das meistbesuchte deutsche Seebad war. Gepflegte Grünanlagen und großzügige Kureinrichtungen wie das Strandschloß, gaben Kolberg das Flair eines mondänen Kurortes.
Das ist seit 1945 vorbei. Zwar baden heutzutage jährlich wieder Tausende von Menschen, und es leben hier trotz der gewaltigen Zerstörungen des letzten Kriegsjahres rund 40200 Einwohner in überwiegend häßlichen Wohnmaschinen – doch Kolberg, unser altes Kolberg ist das nicht mehr. Es ist ein Allerweltsbad mit irgendeinem fremdklingenden Namen geworden, den wir uns nicht zu merken brauchen. Vom Alten blieben nur der wiederaufgebaute Dom und das Rathaus sowie der schöne, heute aber wenig gepflegte Strand.

Der Kolberg umgebende Landkreis war der Kreis *Kolberg – Körlin.* Er wurde 1873 aus dem übergroßen Fürstenthumer Kreis, über den wir im nächsten Kapitel Näheres erfahren werden, geschaffen und erstreckte sich von der Ostsee bis an die mittlere Persante und untere Radüe. Dort, wo beide zusammenfließen, liegt die einzige Stadt des Kreises: *Körlin.* Das kleine Ackerbürgerstädtchen hatte seine große Zeit im 14./15. Jahrhundert, als die Camminer Fürstbischöfe sich hier ein großes Residenzschloß erbaut hatten, dessen Anblick uns der Merian-Stich aus dem Jahre 1652 noch überliefert. Durch seine Lage an der alten Heerstraße Stettin–Danzig wurden Stadt und Schloß später mehrfach zerstört, so daß vom Schloß nichts auf uns gekommen ist. Auch der Zweite Weltkrieg hat in dem Städtchen seine Spuren hinterlassen, doch ist der Marktplatz noch intakt und vermittelt ebenso wie die Kösliner Straße mit ihren typischen Ackerbürgerhäusern noch immer das Bild einer pommerschen Landstadt. 1939 lebten hier 3421 deutsche Bewohner, heute sind es über 5000.

IM ÖSTLICHEN FÜRSTENTHUMER LAND
STADT- UND LANDKREIS KÖSLIN

Den östlichen und größeren Teil des alten Camminer Bistumslandes, des späteren Fürstenthums Cammin, nahm der Kreis Köslin ein. Er entstand 1932 durch Zusammenschluß von zweien der drei 1873 eingerichteten kleineren Kreise, die im vorigen Jahrhundert nach Auflösung des alten Fürstenthumer Kreises gebildet worden waren: Köslin und Bublitz. Vom Kreis Bublitz wurden 1932 kleinere Gebietsteile an die Nachbarkreise Belgard, Neustettin und Rummelsburg abgetreten, so daß der Kösliner Kreis eine lange, gestreckte Form erhielt und sich über 60 km von Ostsee und Gollen die Radüe aufwärts bis zum Pommerschen Landrücken hinzog. Er umfaßte 1939 unter Ausschluß der Stadt Köslin, die seit 1924 kreisfrei war, 1172 qkm und zählte damals 46808 Einwohner.
Der 1873–1932 bestehende Altkreis Köslin deckt sich weitgehend mit dem ältesten Teil des Camminer Bistumslandes: Es reichte im Westen bis an die Persante und im Süden an die Radüe. Im Jahre 1248 konnte es der Camminer Bischof Hermann v. Gleichen erwerben. Bereits im ausgehenden 13. Jahrhundert ist dieses Gebiet noch aufgesiedelt worden, sichtbares Zeichen dafür ist die Gründung von *Köslin,* das 1266 lübisches Stadtrecht erhielt. Bald nach 1300 brachten die Fürstbischöfe auch das Gebiet an der oberen Radüe an sich, die 1339 erstmals bezeugte „terra Bubulzik" – das *Land Bublitz.* Das war aber auch höchste Zeit, denn um 1300 waren die Besitzverhältnisse in Pommerellen, das damals noch bis zum Gollen und fast bis zur oberen Radüe reichte, in Bewegung geraten. 1309 erwarb der Deutsche Ritterorden den größeren östlichen Teil dieser Landschaft und legte zusammen mit den Markgrafen von Brandenburg, die die Länder Schlawe und Stolp erhielten, die Teilungslinie fest. Dabei kam man bis in die Gegend des späteren Baldenburg, das heißt die äußerste Grenze des Camminer Stiftslandes wurde von anderen abgesteckt.
Die Gründung der Stadt Köslin haben wir schon erwähnt. Sie erfolgte in der zweiten Hälfte des 13. Jahrhunderts am Fuße des Gollen in geschützter Lage. Der Stadtgrundriß weist eine sehr regelmäßige Form auf: Nahezu einen Kreis bildend, schneiden sich darin die Straßen einem Schachbrettmuster gleich in rechtwinkliger Weise, ein Quadrat ist für den Marktplatz, eines für die Hauptpfarrkirche ausgespart. Es ist die Idealform der deutschen Stadtanlagen im Osten, wie sie neben Köslin in Pommern nur noch von Massow, in der Neumark von Soldin und Friedeberg erreicht wird. Die neue Stadt übernahm den Namen des in der Nähe gelegenen, schon 1214 erwähnten Dorfes Cossalitz, aus dem sich Köslin entwickelt hat. Da 1281 ein „castrum Cussalin" und 1313 ein Burgfeld erwähnt werden, muß auch eine Burg bestanden haben. Sie ist jedoch verschwunden und hat nichts mit dem

Übersichtskarte der Stadt und des Kreises Köslin

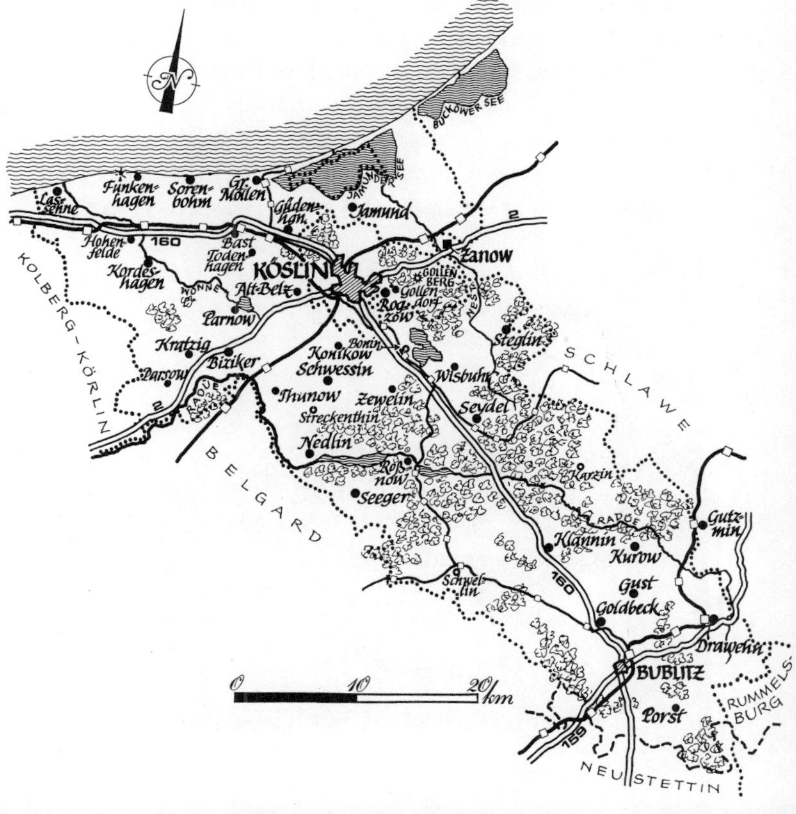

1569–1575 anstelle der 1560 niedergerissenen Klostergebäude errichteten fürstbischöflichen Schloß zu tun.
In jenen Jahren wurde Köslin, das die ganze Zeit hindurch eine der kleineren Hansestädte war, Sitz der fürstbischöflichen Regierung und erhielt damit die Funktion eines Oberzentrums, die sich mit der späteren preußischen Kriegs- und Domänenkammer, der Regierung und schließlich von 1950 an dem polnischen Wojewodschaftssitz bis in unsere Tage fortsetzt. Sie ist die Ursache dafür, daß diese Stadt, zumal im 18. und 19. Jahrhundert, zu einer typisch preußischen Beamten- und Schulstadt geworden ist.
Nachdem das Fürstenthum Cammin 1654 endgültig zu Brandenburg gekommen war, wurde die Verwaltung dieses Gebietes hier belassen und unter Friedrich Wilhelm I. in eine Kriegs- und Domänenkammer umgewandelt, deren Zuständigkeit auch auf den Belgarder, Neustettiner, Schlawe-Pollnower, Stolper, Rummelsburger und Lauenburg-Bütower Kreis erweitert wurde. Damit war in großen Zügen schon der spätere Regierungsbezirk abgesteckt, der 1816 formal errichtet wurde und noch die bisher neumärkischen Kreise Schivelbein und Dramburg zugewiesen erhielt.
Erster Präsident der neuen Kösliner Regierung wurde Graf zu Dohna-Wundlacken, ein Ostpreuße. Bis 1945 haben 21 Herren dieses Amt innegehabt, zwei Drittel davon stammten nicht aus Pommern. Hieraus läßt sich ein Prinzip der preußischen Verwaltung erkennen: Wer in die höhere Verwaltungslaufbahn aufrückte, mußte damit rechnen, innerhalb des ganzen preußischen Staates, also an eine der 36 Regierungen oder 12 Provinzialverwaltungen – von Aachen bis Gumbinnen, von Schleswig bis Wiesbaden – versetzt zu werden. Dies geschah, um den Blick der Beamten für die Gesamtheit der Probleme des Staates zu schärfen, lokalen Betrachtungsweisen und Voreingenommenheiten entgegenzuwirken und regionale Unterschiede und Besonderheiten kennenzulernen.
Da viele Regierungspräsidenten vorher Landräte gewesen waren, hatten sie auch diese unterste Ebene der staatlichen Verwaltung kennengelernt; viele von ihnen fanden sich später als Oberpräsidenten der Provinzen wieder, einige stiegen sogar zu preußischen Staatsministern auf. Dieses auf „Preußens größten inneren König", den oft verkannten „Soldatenkönig" Friedrich Wilhelm I., Vater Friedrichs des Großen, zurückgehende Verwaltungsprinzip wurde im 19. Jahrhundert nach den großen Reformen der Jahre nach 1806 voll entwickelt und wirkt im Prinzip bis heute innerhalb der Länder in der Bundesrepublik Deutschland nach: Das preußische Vorbild hat sich demnach von Flensburg bis Berchtesgaden nicht nur durchgesetzt, sondern auch erhalten – im Gegensatz zu den preußischen Kernlanden, wo es zerschlagen ist und die Menschen, die es tragen könnten, zum Teil vertrieben sind.
1850 erhielt Köslin eine Oberpostdirektion, die für den östlichen Teil Pommerns zuständig war, aber leider 1943 wieder aufgelöst wurde; selbstverständlich war es Garnisonsstandort, für die Wehrmacht wurden nach 1935 umfangreiche Anlagen im Osten der Stadt errichtet. Land- und Amtsgericht, viele staatliche und private weiterführende Schulen und Internate sowie caritative Stiftungen und Anstalten, wie das heute noch in Minden/Westfalen weiterbestehende Diakonissenhaus „Salem", gaben der Stadt ihr Gepräge.
Köslin hat nicht das Glück, am Wasser zu liegen. Und doch hatte es die rührige Stadtverwaltung verstanden, sich die 15 km entfernte Ostsee näherzuholen: 1912 wurde die elektri-

Köslin – Ansicht von Lubinus (1618)

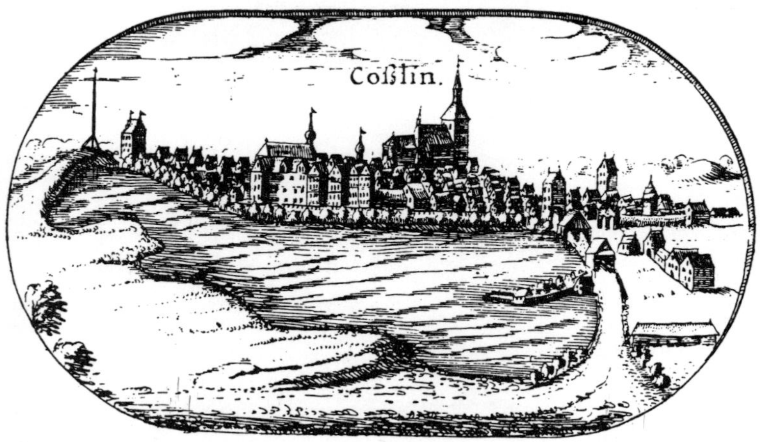

sche Strandbahn nach Großmöllen eröffnet, dem Strandbad der Kösliner. Sie führte in die Stadt als Straßenbahn hinein und wurde nach dem Ersten Weltkrieg durch eine zweite Straßenbahnlinie ergänzt. Der nahe *Gollen,* mit einem Ausflugslokal und dem Aussichtsturm in der Nähe des Denkmals für die Befreiungskriege, war mit seinen Buchen und Eichen der Hauswald der Kösliner. Der 133 m hohe, weithin sichtbare Berg war schon in alter Zeit eine Landmarke für die Schiffer, ein heiliger Berg für die umliegenden Dörfer (auf dem Gollen befand sich im Mittelalter eine Wallfahrtskapelle) und eine Grenzmarke zwischen dem westlichen (Stettiner) und östlichen (Danziger) Pommern, dieses auch als Pommerellen bezeichnet.

Seit 1950 ist das nun unter polnischer Herrschaft stehende Köslin Sitz einer polnischen Provinzial-, seit 1975 Bezirksverwaltung, mit der Folge, daß die Stadt stark gefördert wurde und heute mehr Einwohner zählt als vor dem Kriege. Zahllose Neubauten entstanden: In der 1945 von der Roten Armee abgebrannten Innenstadt in moderater Form, außerhalb in der üblichen monotonen kastenförmigen Einheitsbauweise. Fast 100000 polnische Bewohner leben hier heute, 33479 deutsche Einwohner waren es vor dem Kriege. Diese Zahlen täuschen über die Siedlungsleere des flachen Landes hinweg: In der Wojewodschaft Köslin lebten 1939 in den Dörfern 202000 deutsche Bewohner, nach der fast vollständigen Vertreibung war bis 1970 wieder ein Stand von 187000 (polnischen) Einwohnern erreicht, d. h. 92,5 v. H. des deutschen Bevölkerungsstandes; bis 1983 war diese Zahl auf 185000 abgesunken. Der ländliche Raum entvölkert sich heute zugunsten der größeren Städte – Pommern ist weithin ein leeres Land geworden.

Eines der einstigen Stadtdörfer ist *Jamund,* vor 1945 in Pommern durch seine reiche volkskundliche Überlieferung berühmt gewesen. Es gehörte mit dem Mönchgut, dem Pyritzer Weizacker, der sogenannten Belbucker „Abdü" und den von Kaschuben bewohnten Landstrichen zu den einzigen

Denkmal Friedrich Wilhelms I. auf dem Marktplatz von Köslin

Gebieten der Provinz, in denen noch eine Tracht überliefert war. Massige geschlossene Vierkanthöfe und eine reichhaltige bäuerliche Tradition, die zum Teil zwischen beiden Weltkriegen wiederbelebt wurde, machten Jamund zu einem der volkskundlich herausragenden Dörfer im östlichen Hinterpommern.

Fährt man von Köslin aus nach Süden, in Richtung Groß Tychow, kommt man nach etwa 12 Kilometern an dem Dorf *Streckenthin* vorbei. Hier war der Sitz eines der bedeutendsten Pflanzenzuchtbetriebe Deutschlands. Der Besitzer v. Kameke hatte 1906 mit der planmäßigen Zucht und Vermehrung von Saatkartoffeln begonnen, die in den 20er und 30er Jahren in weiteren Betrieben ausgedehnt wurde und einen hohen, international anerkannten Standard erreichte. Die Zuchtbetriebe v. Kameke/Streckenthin und Raddatz/Hufeland haben entscheidend dazu beigetragen, daß die pommerschen Kartoffeln zu einem geradezu sprichwörtlichen Begriff wurden: Vor dem Zweiten Weltkrieg kamen 66 v. H. aller hochwertigen Saatkartoffeln im Reich aus Pommern. Aber dieser unternehmerische Fleiß, der den Kamekeschen Besitz

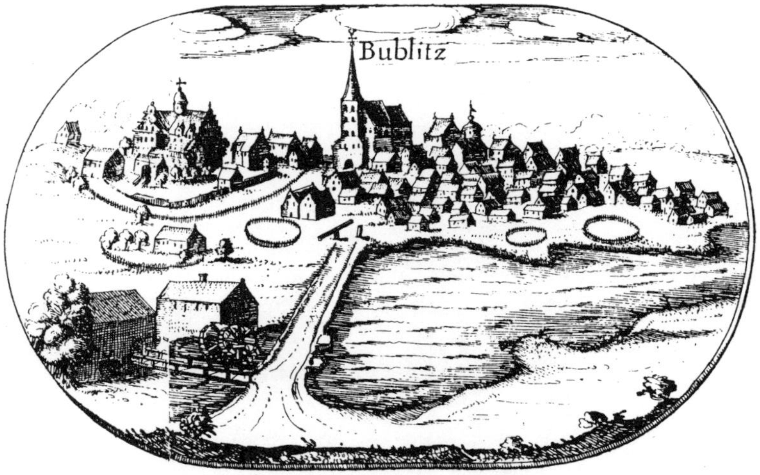

Bublitz – Ansicht von Lubinus (1618)

auf über 5000 ha anwachsen ließ, betätigte sich auch industriell: Mit den Nedliner Industrie- und Mühlenwerken entstand an der Radüe das erste Wasserkraftwerk Ostdeutschlands, später kam eine zweite Talsperre hinzu, in deren Benennung Heyka bis heute die Namen der beiden weitblickenden Eigentümer v. Heydebreck und v. Kameke fortleben.
Bleibt uns noch *Bublitz*, die einstige Kreisstadt, die 1340 im Tal der Gozel gegründet wurde und vom Camminer Bischof Hermann v. Gleichen lübisches Stadtrecht erhielt. Seine Bewohner, als die „tapfren Bublitzen“ oft und gern von ihren Nachbarn verspottet, sprachen einen eigenwilligen altertümlichen Dialekt, der beispielsweise den k-Laut zu -tch- verschliff, so daß aus „plattdeutsch Kark oder Kirk (Kirche) in der Bublitzer Mundart Tchirtch wurde, aus Brügg (Brücke) Brüdj“. Woher diese Eigenart stammt, ist nicht bekannt, sie tritt nur im Bublitzer Lande auf und setzt sich nach Osten in den Kreis Schlochau fort, wo wir ihr noch einmal begegnen werden. Das Städtchen Bublitz, das 1939 stattliche 6186 Einwohner zählte, wurde 1945 völlig zerstört und verlor nach dem Kriege längere Zeit die Stadtrechte. Bis heute ist der Stadtkern nicht wieder aufgebaut und macht auf den westlichen Besucher einen trostlosen, verkommenen Eindruck.

VOM OSTSEESTRAND ZUM BINNENRAND
DIE KREISE SCHLAWE UND RUMMELSBURG

Um es gleich vorweg zu sagen: Die Bewohner der Kreisstadt *Schlawe* waren keine „Schlawiner“, wie Voreilige glauben könnten, die meinen, endlich den geographischen „Hintergrund“ dieses nicht gerade feinen Ausdrucks gefunden zu haben. Auch als „Schlawen“ konnte man sie nicht bezeichnen, wie es noch vor nicht allzu ferner Zeit ein westfälischer Bürgermeister tat, sondern schlicht und einfach als „Schlawer“ – darauf legten sie Wert. Und doch gab es „Schlawiner“ im Kreise Schlawe, nämlich 862 an der Zahl: die Einwohner des Kirchdorfes *Schlawin*, auf halbem Wege zwischen Rügenwalde und der Kreisstadt gelegen.
Wie ein riesiger Keil erstreckt sich der Kreis Schlawe von der Ostseeküste hinein ins Binnenland, immer schmaler werdend, bis auf den Pommerschen Landrücken bei *Sydow* hinauf, wo Höhenwerte bis zu 234 m erreicht werden. Dementsprechend unterschiedlich ist das Landschaftsbild gestaltet: In Küstennähe liegt der fruchtbare Teil des Kreises, das *Rügenwalder Amt* – ein Teil der hinterpommerschen Küstenebene. Weiter landeinwärts folgt ein stärker welliges, vielfach von Wipper und Grabow zerteiltes Gebiet, das allmählich in den Endmoränenzug des Landrückens übergeht.
So verschieden diese beiden Landschaftsteile sind, so sehr unterscheiden sie sich auch durch ihre Geschichte. Das Rügenwalder Amt entwickelte sich aus einem immer den Landesherren gehörenden Gebiet nördlich der Städte Rügenwalde und Schlawe, zu dem nach der Reformation 1535 der umfangreiche Besitz des 1252 gegründeten Zisterzienserklosters *Buckow* hinzugelegt wurde. Herzöge und Mönche hatten das Gebiet im 13. und 14. Jahrhundert planmäßig mit deutschen Bauern aufgesiedelt, die teilweise auf Hägerhufen angesetzt wurden. Die Siedlungsweise, bei der jeder Bauer

auf seiner Hufe sitzt, hat sich in einigen Dörfern bis in die Gegenwart erhalten.
Als das Klostergebiet nach der Reformation zum Rügenwalder Amt kam, das den pommerschen Herzögen unmittelbar unterstand, war dieses zum größten unter den herzoglichen Besitztümern herangewachsen. Es umfaßte (um 1780) 52 Bauerndörfer, 14 Domänen, 12 Mühlen und 7 sonstige Siedlungen. Ein wahrhaft fürstlicher Besitz! Fürstlich waren beinahe auch die bäuerlichen Verhältnisse in vielen Dörfern des Amtes zu Beginn unseres Jahrhunderts: Dank der guten Böden und der seit Jahrhunderten bestehenden Freiheit der Bauern auf ihrer Scholle hatte sich in diesem Gebiet ein wohlhabendes Bauerntum entwickeln können. Einige Landwirte waren nach 1914 sogar in der Lage, Kriegsanleihen in Höhe von mehr als 100000 Goldmark zu zeichnen!

Abtsstuhl aus dem Kloster Buckow

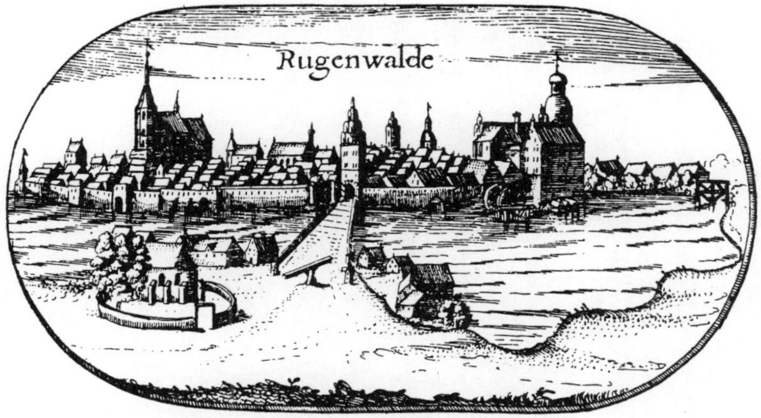

Rügenwalde – Ansicht von Lubinus (1618)

Die Grundlage dieses Reichtums bildeten eine hochentwickelte Landwirtschaft, die auf dem Anbau von Weizen, Zukkerrüben und hochwertigem Roggen sowie Kartoffeln beruhte, und eine darauf aufbauende (Schlacht-) Viehzucht. Rügenwalder Spickbrüste und die weitbekannte *Teewurst* wurden in den zahlreichen Fleischwarenfabriken dieser alten Hafen- und Hansestadt an der Wipper unweit der Ostsee hergestellt. Der Absatzmarkt für diese Delikatessen erstreckte sich schon vor dem Ersten Weltkrieg weit über Stettin und Berlin hinaus nach Westen; unternehmerischer Fleiß hat nach der Vertreibung in Schleswig-Holstein und Niedersachsen einen erfolgreichen Neubeginn möglich gemacht, so daß die „Rügenwalder" heute wieder überall zu haben ist. Nun, eine „Darlowoer Teewurst" würde wohl keiner kaufen, so wie auch „Sowjetsker (= Tilsiter) Käse" und „Kaliningrader (= Königsberger) Klopse" gottlob sich wohl kaum auf der Speisekarte behaupten könnten.
Darlowo ist der heutige polnische Name von Rügenwalde, wohl nach der alten Burg *Dirlow,* die aus dem 13. Jahrhundert bezeugt ist und etwa an der Stelle des heutigen Schlosses lag. Ihr Name verschwand, als um 1270 die Fürsten von Rügen hier an der ostpommerschen Küste Fuß faßten und unweit der Mündung der Wipper in die Ostsee eine deutsche Stadt gründeten, die sie „Rügenwalde" nannten. Sie war die östlichste Stadt, die im 13. Jahrhundert in Pommern angelegt

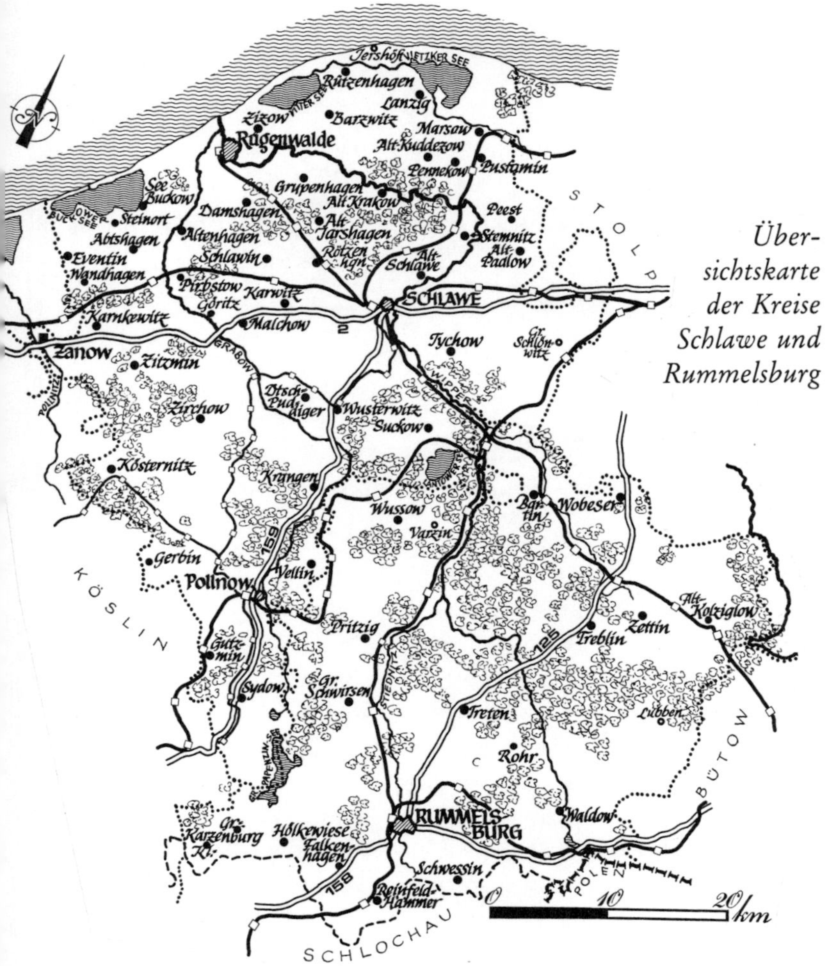

Übersichtskarte der Kreise Schlawe und Rummelsburg

wurde, gedieh aber wegen der vielen kriegerischen Verwicklungen, in die das Schlawer Land damals verstrickt war, nicht so recht, so daß 1312 die Stadtgründung wiederholt werden mußte. Diesmal mit Erfolg, denn bald wurde Rügenwalde ein geachtetes Mitglied der Hanse. Im 15. Jahrhundert nahm hier Erich I. von Pommern seinen Sitz, der als Unionskönig von Dänemark, Schweden und Norwegen 1449 aus Gotland vertrieben, hier seine letzten Jahre zubringen mußte. Er ist unter den pommerschen Herrschern eine tragische Gestalt: Als Neffe der großen Margarete I. von Dänemark, der Begründerin der Kalmarer Union (1397), trat er 1412 deren Nachfolge im Norden an, konnte sich aber dort nicht behaupten. So schlug der einzige Versuch eines pommerschen Fürsten fehl, große Politik zu machen. In der Marienkirche von Rügenwalde fand er seine letzte Ruhestätte.

Dort, wo die Wipper in die Ostsee mündet, liegt *Rügenwaldermünde,* das älteste Ostseebad Preußens. Bereits 1814 stiegen hier die ersten Badegäste in die Fluten, und so blieb es bis 1945: Rügenwalde war damals neben Jershöft der bedeutendste Badeort zwischen Kolberg und Stolpmünde.

Zanow ist ein kleines Städtchen, das auf der östlichen, flachen Seite des Gollen liegt. Im ganzen Land war es bekannt als das „pommersche Schilda“ – der vielen Schwänke wegen, die man sich über die Zanower erzählte. Einen haben wir auf Seite 95 wiedergegeben; damit soll es sein Bewenden haben, denn die Zanower hatten es nicht gern, wenn man sie derart verulkte. Den Köslinern waren sie deshalb gram, da diese wohl die

Der Rügenwalder Silberaltar

meisten „Zanower Geschichten“ erfunden haben. So ist es im Leben: Die Kleinen haben unter den Großen zu leiden, warum nicht auch in Pommern?
Zanow war früher auch seiner Zündhölzer wegen eine weithin bekannte Stadt, die hier seit der Mitte des 19. Jahrhunderts mit steigenden Zuwachsraten hergestellt wurden. Vor dem Ersten Weltkrieg entwickelte sich hier die größte Zündholzfabrik in ganz Europa!
Die „Bergstadt“ Pommerns war das kleine *Pollnow* im Süden des Schlawer Landes, das zu diesem Beinamen wegen seiner bergigen, waldreichen Umgebung kam – der Pommersche Landrücken ist nicht weit. Der Ort erscheint 1307 als Burg, die dem pommerellischen Grafen Peter von Neuenburg gehörte, dessen Sohn dem kleinen Burgflecken um 1330 deutsches Stadtrecht verlieh. Im Jahre 1353 sehen wir Burg und Stadt im Besitz des Bischofs von Cammin, der damals wohl das ganze Gebiet zwischen Gollen und Grabow an sich gebracht hatte, doch Herzog Bogislaw VIII. behielt Pollnow 1394 als Pfand ein, bis es Erich II. schließlich 1474 an die Glasenapps vertauschte. Von da an blieb es für Jahrhunderte eine adelige Mediatstadt – bis zur Einführung der preußischen Städteordnung von 1808. 1939 zählte das Städtchen 3629 Einwohner, 1945 erlitt es starke Zerstörungen.
Wenn man sich dem Norden, der Kreisstadt Schlawe zuwendet, kommt man durch altes ritterschaftliches Land. Seit Jahrhunderten reihte sich hier ein Rittergut an das andere – *Krangen, Wusterwitz, Quatzow* und viele andere. Um das Schloß Krangen, das aus einer mittelalterlichen Wasserburg hervorging und mindestens drei Jahrhunderte lang im Besitz derer v. Podewils war, hatte sich eine große Herrschaft gebildet, von der ein Teil später in den Besitz des katholischen Zweiges der Hohenzollern, der Linie Sigmaringen, gelangte, bis der größte Teil dieser Güter *(Adlig Suckow, Jannewitz, Lantow, Groß und Klein Quäsdow* und *Klarenwerder*) 1931 verkauft und teilweise versiedelt wurde. Damals entstand hier sogar ein neuer Ort: *Hohenzollerndorf.*

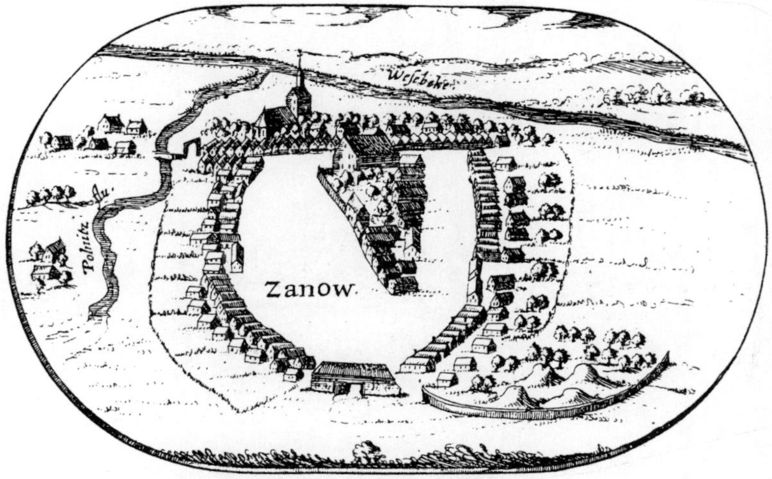

Zanow – Ansicht von Lubinus (1618)

An einem günstigen Übergang der Landstraße Stettin-Danzig über die Wipper liegt *Schlawe*. Es ist ein weit in die Frühgeschichte dieses Raumes zurückreichender Ort. Allerdings ist die pommerellische Burg bei dem Dorfe *Alt Schlawe* zu suchen, die jetzige Stadt Schlawe entstand etwas weiter flußaufwärts. Als 1347 der letzte Burgherr von Schlawe, der Swenzone Jesko, starb, gelangte das Schlawer Land in unmittelbaren Besitz der pommerschen Herzöge, nachdem schon 1317 – im gleichen Jahre, in dem die „civitas nova Zlavena“ das lübische Stadtrecht erhalten hatte – eine lose Abhängigkeit hergestellt worden war. Im Mittelalter trat die Stadt in Beziehungen zur Hanse, Getreideverarbeitung (allein 40 Brauereien damals!) und -handel sowie Leineweberei (die Gewandschneiderzunft ist bis 1540 nachweisbar) waren die wirtschaftlichen Grundlagen. 1749 ließ Friedrich der Große auf der zu Schlawe gehörenden Feldmark Schwenzenhagen sowie bei Stemnitz die Dörfer *Coccejendorf* und *Wilhelmine* anlegen und mit Pfälzern besiedeln, deren Mundart sich bis 1945 erhalten hatte. Im 19. Jahrhundert entwickelte sich Schlawe zur Schul- und Verwaltungsstadt, nachdem es 1870 Bahnanschluß erhalten hatte. 1939 zählte die Stadt 9768 Einwohner, 1945 wurde sie zu 35 v. H. zerstört. Heute leben hier sogar 13000 Einwohner.
An das Schlawer Land grenzt östlich der *Kreis Rummelsburg*, ein weithin kuppiges und landschaftlich reizvolles Gebiet,

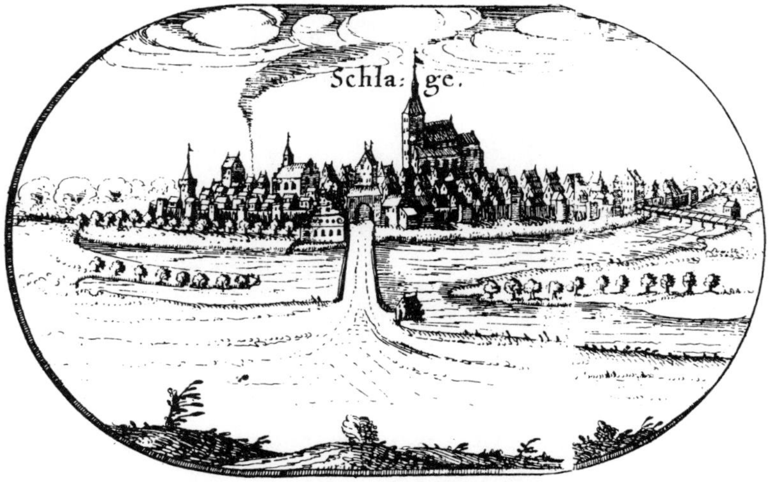

Schlawe – Ansicht von Lubinus (1618)

das lange im Dunkel der Geschichte lag. Es war Hinterpommerns waldreichster Kreis, die außerhalb der Provinz so geschätzten Pilze und Beeren kamen meist aus dieser Gegend. Einen gewissen Bekanntheitsgrad erlangte dieser abgelegene Landstrich erst durch den Herrensitz *Varzin*, den Ruhesitz des Fürsten Otto v. Bismarck.
Varzin war in alter Zeit ein Zitzewitzsches Lehen, das 1693 an die Podewils auf Krangen kam. Nach der Auflösung des großen Podewilsschen Besitzes kam das Gut um 1826 an einen Herrn v. Blumenthal. Von dessen Sohn erwarb es 1867 der damalige preußische Ministerpräsident v. Bismarck aus Mitteln einer Dotation von 400000 Talern, die er vom preußischen König Wilhelm I. nach dem glücklichen Kriegsausgang von 1866 erhalten hatte. Den Besitz konnte er erwerben, weil der Vorbesitzer v. Blumenthal an der Börse spekuliert und dabei viel Geld verloren hatte. Doch mußte er das stark verfallene Schloß erst wiederherstellen lassen. An den Mittelbau von 1664 waren im 18. Jahrhundert zwei Flügel im Fachwerkstil angebaut worden, die nach 1874 durch Neubauten ersetzt wurden.
Man mag sich fragen, was Bismarck bewogen hatte, sich gerade im nordöstlichen Hinterpommern anzukaufen, hatte er seine Jugend doch im Kreis Naugard verbracht. Das lag wohl nicht zuletzt daran, daß seine Frau, eine geborene Johanna v. Puttkamer, aus *Reinfeld* im Rummelsburger Kreise stammte und er mit ihr in der alten Kirche von *Alt Kolziglow* 1847 getraut worden ist – Varzin liegt nicht weit davon ab. Trotzdem trennte eine Kreisgrenze den nunmehrigen Bismarckschen Besitz von dem ihm vertrauten Nachbarkreis. Hinzu kam, daß er mit dem damaligen Schlawer Landrat nicht so recht zuwege kam, kurzum: Die Kreisgrenze wurde geändert, Varzin mit einigen anderen Dörfern kam zum Kreis Rummelsburg. Die Sache war bereinigt.
Bismarck war, was nur wenige wissen, ein hervorragender Land- und Forstwirt. Er kümmerte sich, so gut es die Politik zuließ, sehr um seinen Waldbesitz und pflegte ihn vorzüglich. Der Besitz blieb bis 1945 in den Händen seiner Nachkommen. Heute ist hier eine polnische Forstschule eingerichtet, die Innenräume sind erhalten – und die jungen angehenden polnischen Förster sprechen mit großer Hochachtung von dem Forstwirt Bismarck...
Die Kreisstadt *Rummelsburg* gehört zu den wenigen pommerschen Städten, die aus einem Dorf entstanden sind. 1478 und 1496 wird es erstmals als Massowsches Lehen erwähnt, und wenn 1506 schon von einem „Stedeken" die Rede ist, dann sicher nicht in dem Sinne, daß zwischenzeitlich hier eine Stadtgründung erfolgt ist. Das Dorf hat sich wohl eher zu einem kleinen Flecken entwickelt. Es war weder Dorf noch Stadt, wuchs aber stetig, da im 16./17. Jahrhundert die Aufsiedlung der Grenzwälder auf dem Landrücken einen städtischen Mittelpunkt verlangte.
Die Rechtsverhältnisse zwischen den Einwohnern und den ursprünglichen Grundherren, den Massows, waren weithin ungeklärt. Häufig kam es zu Übergriffen und Gewalttaten und – zu Prozessen. 1616–1618 entstand ein Aufruhr: Die Bürger erzielten in einem Prozeß ein herzogliches Urteil, daß sie als Bürger behandelt werden und sich ihren Rat selber wählen sollten. Damit war Rummelsburg eigentlich als städtisches Gemeinwesen anerkannt; allerdings wußten die Mas-

sows die praktische Durchsetzung dieser Bestimmung noch um 100 Jahre zu verzögern. Erst dem energischen Durchgreifen Friedrich Wilhelms I. ist es zu verdanken, daß Rummelsburg sich von 1721 an als Stadt verwalten konnte.
Eine schwere Geburt also! In zähem Widerstand gegen den hier besonders hartnäckigen und junkerhaft auftretenden Adel ist Rummelsburg damit zu einer der jüngsten Städte Pommerns geworden. Die Massows haben freilich noch das ganze 18. Jahrhundert hindurch der Stadt das Leben schwer gemacht, erst mit der Einführung der preußischen Städteordnung 1808 war Rummelsburg eine wirklich sich selbst verwaltende Stadt geworden. Ein hartnäckiger Kampf pommerscher „Dickköppe“ hatte sein Ende gefunden, aus „Rebellen“ und „Querulanten“, wie die Rummelsburger oft verleumdet wurden, sind in der Folgezeit brave Bürger geworden. Sie trugen es mit Fassung, daß sie in einem „steinreichen“ Lande lebten, in dem sie sich mit den Bütowern zusammen eine Lerche teilen mußten – vormittags sang sie im Rummelsburger, nachmittags im Bütower Kreise ...

Pollnow – Rathaus und Kirche

DEUTSCHLANDS GRÖSSTER LANDKREIS
DER LANDKREIS STOLP UND SEINE HAUPTSTADT

„Wo stammen denn all' die Kaschuben her?
Es sind so viel wie Sand am Meer.
Von Stolp, von Stolp, von Stolp!“

Wenn man einst, von Berlin, Stettin oder Danzig kommend, auf dem Stolper Bahnhof ausstieg, sah man keinen einzigen Kaschuben. Auch nach der Fahrt mit der Straßenbahn durch die schöne Bahnhofstraße fand man in der Innenstadt keinen. *Stolp* war vor dem Krieg eine durch und durch deutsche Stadt, seine 50377 Einwohner sprachen ein Hochdeutsch pommerscher Prägung, gelegentlich mit etwas Platt vermischt. Die vorgenannte Redensart entsprach nicht der Wirklichkeit – oder nicht mehr. Sie entstammt einer Zeit, als die Landbevölkerung der Stolper Umgebung noch mehrheitlich kaschubisch war, doch das ist mindestens zweihundert Jahre her. Wenn die Stolper von ihrer Heimatstadt sprachen, taten sie das mit einem gewissen Selbstbewußtsein und mit einem Augenzwinkern. Die Stadt war nach der Reichsgründung 1871 stark gewachsen und hatte besonders in der Zeit vor dem Ersten Weltkrieg einen großen Aufschwung genommen. Damals entstanden zahlreiche repräsentative Gebäude, wie Landratsamt und das stattliche Rathaus, eines der schönsten seiner Art, die in neuerer Zeit in Pommern gebaut wurden. „Feststehn immer, stillstehn nimmer!“ stand als Motto über dem Portal, und danach handelte man in dieser konservativen und regsamen Stadt. Anderen gegenüber war man großzügiger geworden, es hieß nicht mehr:

„Stolp ist eine Stadt.
Lauenburg ist auch noch wat.
Bütow ist ein Fleck.
Leba ist ein Dreck.“

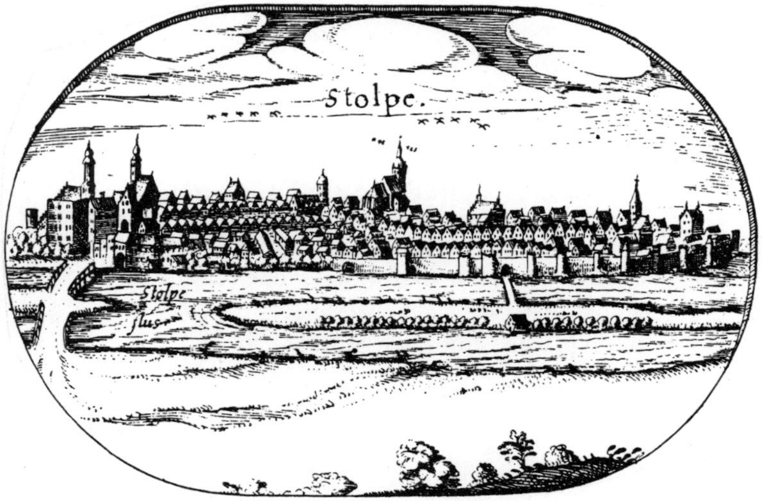

Stolp – Ansicht von Lubinus (1618)

Die Stolper sprachen nun gern von „Klein Paris", wenn sie die eigene Stadt meinten, und das in einem bestimmten Sinne. In dieser Hinsicht genoß das „Café Reinhardt" einen sagenhaften Ruf, übrigens unter anderem Namen sogar noch nach dem letzten Kriege.

Dabei hat auch hier einmal alles ganz klein angefangen. Als der Ort 1236 erstmals urkundlich erscheint (als Slupz), ist er Sitz einer Kastellanei, also eines wendischen Burgbezirks im Herzogtum Pommerellen, in dem Swantopolk II. von 1220–1266 herrschte. In diese Zeit fällt die erste Durchdringung des Landes mit christlich-abendländischer Kultur, vermittelt durch die deutschen Mönche des Klosters Buckow, die auch im Stolper Land Besitz erwarben. Als 1295 das pommerellische Herrscherhaus ausstarb, kamen die Länder Schlawe und Stolp nach einigem Hin und Her unter brandenburgische Hoheit.

Schon im 13. Jahrhundert hatte sich eine Siedlung vor der Burg entwickelt, eine deutsche Bürgerstadt, die 1310 auch formal von den brandenburgischen Markgrafen das lübische Stadtrecht erhielt. 1317 traten diese Stadt und Land an die Herzöge von Pommern-Wolgast ab. Seither blieb es ein Teil Pommerns. Die Neusiedler kamen vielfach aus Niedersachsen und Holstein: Bis 1867 gab es in Stolp (neben Demmin) eines der beiden Holstentore Pommerns, die Holstentorstraße erinnerte wie die Kassuberstraße bis 1945 daran, aus welchen beiden Bevölkerungsgruppen die deutsche Bewohnerschaft Stolps erwachsen war. Im 14. und 15. Jahrhundert war Stolp zeitweise Fürstensitz, aus dieser Zeit stammt auch das massige Schloß, das später umgebaut wurde.

Da im Umkreis Stolps keine weiteren Stadtgründungen erfolgten, konnte sich auch kein Konkurrent herausbilden; daher wuchs und gedieh die Stadt an der Stolpe und erfüllte ihre über 635 Jahre währende Aufgabe, ein Mittelpunkt deutscher Kultur im äußersten Nordosten Pommerns zu sein. Nachdem hier schon 1522, früher als in anderen Städten Pommerns, die Reformation Einzug gehalten hatte, entstand die Ratsschule, aus der sich später die Oberrealschule entwikkelte. Zusammen mit dem Gymnasium und anderen weiterführenden Schulen, der Garnison und zahlreichen Verwaltungsstellen gaben Handel und Verarbeitung land- und forstwirtschaftlicher Erzeugnisse die Grundlage für eine solide wirtschaftliche Gliederung ab: Stolp war unbestritten das bedeutendste Mittelzentrum zwischen Stettin und Danzig.

Erwähnen wollen wir noch den größten Sohn der Stadt: 1831 wurde hier Heinrich v. Stephan geboren († 1897), der spätere Reorganisator der preußischen und deutschen Post, Begründer des Weltpostvereins, erster Generalpostmeister des Deutschen Reiches und – Erfinder der Postkarte. Wer jetzt lächelt, sollte daran denken, daß sie heutzutage weltweit milliardenmal jährlich verschickt wird. Auf diese einfache, aber geniale Idee mußte man erst einmal kommen! Erwähnt sei auch, daß die Stolper Garnison zwei der berühmtesten Husaren in ihren Reihen wußte: den General Belling und den berühmten Gebhard Leberecht v. Blücher, den späteren „Marschall Vorwärts" und Sieger der Befreiungskriege.

1945 fiel die Stadt ohne bedeutende Schäden in die Hände sowjetischer Truppen. Es dauerte nicht lange, und Brände brachen aus, gelegt von russischen Soldaten. Auch hier war es gerade die Bebauung um den Marktplatz, dazu die angrenzenden Straßenzüge der Innenstadt, die in Flammen aufgingen. Bald darauf wurde die deutsche Bevölkerung ausgewiesen, soweit sie nicht schon vorher geflohen war. Der Wiederaufbau unter polnischer Herrschaft kam nur langsam in Gang, erst seit 15–20 Jahren ist das Stadtzentrum wieder bebaut. Seit die Stadt 1975 Sitz einer Bezirksbehörde wurde, wuchs die Einwohnerschaft – auch hier auf Kosten des flachen Landes – besonders stark an und hatte bis 1983 die Zahl von 90600 erreicht.

Stolpmünde ist der Hafen von Stolp. Wie Rügenwaldermünde und Kolberg hat auch er sich an der Mündung eines hinterpommerschen Küstenflusses, der 150 km langen Stolpe, entwickelt – hat die beiden vorgenannten aber an Bedeutung überflügelt. Und das, obwohl der Ort es bis 1945 nicht einmal zur Erlangung der Stadtrechte gebracht hatte! Der Grund für diese beiden Tatsachen liegt in seinem Hinterland, in dem die Stadt Stolp den Schwerpunkt bildet. Bereits 1337 hatte sie von dem Swenzonen Jesko, dem damaligen Herrn von Schlawe, das Gebiet an der unteren Stolpe aufgekauft und in der Folgezeit durch eine erfolgreiche Territorialpolitik mit dem Stolper Stadtgebiet verbunden. Die Mündung des Flusses wurde zu einem Hafen ausgebaut, so daß Stolp trotz seiner Meeresferne (18 km von der Ostsee) am Ostseehandel teilhaben und Mitglied der Hanse werden konnte. Stolpmünde ist darin Cuxhaven, Bremerhaven, Travemünde und Warnemünde vergleichbar – auch diese Orte erwuchsen als (Vor-)Häfen ihrer Hauptorte Hamburg, Bremen, Lübeck und Rostock und entwickelten lange kein kommunales Eigenleben bzw. verloren es bald wieder. Stolpmünde wurde erst 1820 zu einer eigenen Gemeinde erhoben, eine Stadt wurde es erst nach dem Zweiten Weltkrieg. Und doch war es schon 1939 mit 4783 Einwohnern der größte Ort des Stolper Kreises, heute zählt es 16200 Bewohner. Bekannter war Stolpmünde vielen als bedeutendes Ostseebad, den Fremden wie den Stolpern. Tausende verbrachten jeden Sommer hier ihren Urlaub.

Wenn schon dieser größte Ort des Landkreises Stolp keine Stadt war, dann die kleineren erst recht nicht. Diese Landschaft bot in mancherlei Hinsicht einige Superlative: Vor dem Kriege war der Kreis mit einem Umfang von 2227 qkm Deutschlands größter Landkreis, zugleich auch sein ländlichster. Er umfaßte seit der Gebietsreform von 1928 nur Landgemeinden. Zuletzt waren es 191, die damals aus den 177 Gutsbezirken und 170 Dörfern (Stand 1871) zusammengelegt worden waren; insgesamt zählte der Kreis 684 einzelne Ortschaften, in denen (1939) 83009 ausschließlich deutsche Einwohner lebten.

Stolp – Marktplatz und Marienkirche

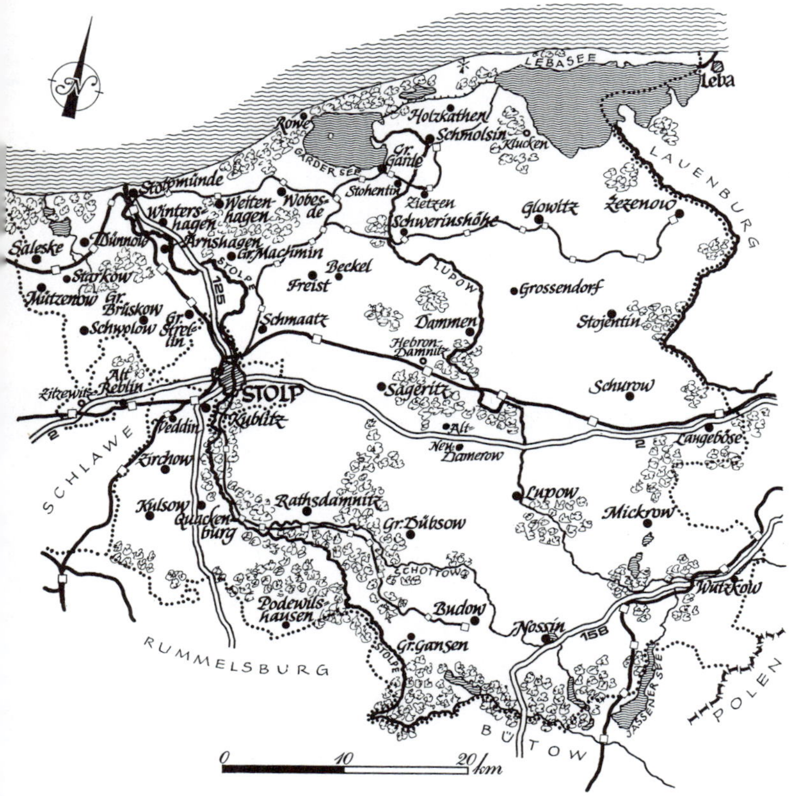

Übersichtskarte der Stadt und des Kreises Stolp

Viele dieser Gemeinden, zumal im nördlichen Teil, im Bereich der alten herzoglichen Ämter Stolp und Schmolsin, waren stattliche Bauerndörfer, wie Mützenow und Saleske, Dünnow und Wobesde, Rowe, Groß Garde und Schmolsin. Hierzu gehören auch die einstigen Stolper Stadteigentumsdörfer, von denen Rathsdamnitz das größte war. Der Süden und Osten des Kreises wies vorwiegend Gutsdörfer auf, viele stattliche Herrensitze: Hier saßen die Bandemer und Below, Boehn und Grumbkow, Kleist und Massow, Mitzlaff und Puttkamer, Stojentin und Zitzewitz – um nur die bekanntesten Familien zu nennen; zum Teil hatten sie hier ihre Stammsitze.

Einer dieser alten Herrensitze war das Schloß zu *Lupow*. Es ging aus der alten Wasserburg *Canitz* hervor, einem alten Zitzewitzschen Lehen, das 1683 in den Besitz des brandenburgischen Generalkriegskommissars Joachim Ernst v. Grumbkow kam, der hier auf den Ruinen der alten Burg einen bis 1945 erhalten gebliebenen zweiflügeligen Herrensitz errichtete. Später kam dieser in den Besitz der Bonins. Das Schloß wurde am Ende des Zweiten Weltkrieges nicht zerstört, sondern sogar einige Zeit noch als Sitz einer polnischen Güterdirektion benutzt, die vor ein paar Jahren verlegt wurde. Seither ist der Bau dem Verfall preisgegeben. Der Gutspark verwilderte, Abwässer wurden in ihn geleitet, die einen entsetzlichen Gestank verbreiteten. Die polnischen Bewohner von Lupow taten ein übriges, indem sie das Gebäude langsam, aber allmählich ausschlachteten. Hier ein Balken, dort ein Brett und da einige Ziegel – so begann es. Die Fenster wurden eingeschlagen, Wind und Wetter drangen ein, ja, selbst vor der mutwilligen Zerstörung der schönen Stuckdecken und Kamine schreckte man nicht zurück. Wände wurden besudelt und mit entsprechenden Inschriften beschmiert: Die Vernichtung eines bedeutenden Baudenkmals vollzog sich in erschreckender Schnelligkeit. Zuerst verschwand der Hauptbau bis auf die Grundmauern, darauf folgte der Seitenflügel, und das erst zu Beginn der 80er Jahre, während man anderswo, mittlerweile auch in kleinen Städten, mit Mühe historische Baudenkmäler restauriert. Dieser Wille hat das flache Land noch nicht erreicht, hier schaltet und waltet eine dumpfe Gesinnung, die meint, sie täte recht, wenn sie die Zeugnisse der „preußischen Junker“ vernichtet. Polnische Denkmalpfleger sind verzweifelt, können das aber offensichtlich nicht verhindern, da sie gar nicht wissen, wo sie anfangen sollen – gab es doch in Ostpommern früher weit über 2000 Herrenhäuser! Lupow ist kein Einzelfall – viele sind vor ihm verschwunden, andere werden wohl noch folgen. Hier wird erschreckend deutlich, wie ein Volk mit dem übernommenen Erbe nicht fertig wird.

Wenden wir uns dem Nordosten des Kreises zu. Hier umfängt uns eine andere Welt: In dem kleinen Dorfe *Klucken* unweit des Leba-Sees wird heute gern ein Freilichtmuseum der „slawischen Slowinzen" vorgeführt und dem ahnungslosen Besucher vorgegaukelt, es handle sich dabei um ein Stück polnischer Volkskunde. Sieht man näher hin, wird der nur allzu dünne Firnis deutlich, den die Propaganda über diese Dinge gezogen hat. Zwar wurde bis kurz vor 1900 in zwei Dörfern am Leba-See (in Klucken und Giesebitz) von alten Leuten noch eine slawische Mundart gesprochen, die schließlich zugunsten des Plattdeutschen ausstarb, doch hieraus verschüttetes, der Germanisierung anheimgefallenes polnisches Volkstum machen zu wollen ist abwegig.

Diese Menschen waren in der deutschen Literatur als *Lebakaschuben* oder *Slowinzen* bekannt, ihre Sprache war dem Kaschubischen in Westpreußen sehr ähnlich – sind beide Idiome doch Reste des einst in ganz Pommern gesprochenen *Pomoranischen,* das neben dem Polnischen und Tschechischen eine eigene westslawische Sprache darstellte. Die Lebakaschuben unterschieden sich von ihren Verwandten in der Kaschubei dadurch, daß sie evangelisch waren und damit völlig in einer deutschen kulturellen Umwelt lebten, der sie nicht ablehnend, sondern integrationswillig gegenüberstanden. Ihre Sprache wurde nicht unterdrückt, im Gegenteil: Der 1583 in Stolp geborene spätere Schmolsiner Pastor Michael Brüggemann oder Pontanus, wie er sich lateinisch nannte, hatte um 1630 sogar den lutherischen Katechismus, einige Psalmen, das Vaterunser und andere religiöse Texte ins Kaschubische übersetzt – darin ein echter Nachfolger Luthers, der auch dem „Volke aufs Maul schaute". Doch diese Sprache war damals schon im Rückgang begriffen, ihr Aussterben nicht aufzuhalten. Der ebenfalls aus Stolp stammende Dichter Siegfried Gliewe (1903–1982), selbst ein einfühlsamer Schilderer seiner nordostpommerschen Heimat, hat diesen Kaschubenpastor in warmherziger, würdigender Art der Vergangenheit entrissen.

Wenn man in Klucken am Rande des Lebamoores steht, sieht man in der Ferne am Horizont einen langgestreckten Höhenzug, durchsetzt mit hellen Flecken: Es ist die *Lebanehrung,* eine 0,8–2,1 km breite, 17 km lange Landzunge, die den *Leba-See* vom offenen Meere abriegelt. Dieser mit einer Fläche von 76 qkm größte der hinterpommerschen Strandseen ist der letzte Rest einer einstigen, heute weithin verlandeten Ostseebucht. Mächtige Wanderdünen bedecken große Teile der Nehrung, unter ihnen tritt die bis 56 m aufragende, aber bewaldete Leuchtturm-Düne hervor. Am bekanntesten ist jedoch die gewaltige *Lonzke-Düne:* Sie ist mit ihren 42 m Höhe die größte ihrer Art in Pommern. Sie wandert seit Jahrtausenden die Nehrung entlang, unter sich Bäume begrabend, deren abgestorbene Stümpfe andernorts wieder ans Tageslicht treten, sogar das kleine Dorf Bollenz mußte dran glauben.

Hier besitzt die hinterpommersche Landschaft ihre größte Weite und Erhabenheit: Der Blick von der Höhe der Düne auf das endlose Blau der Ostsee im Norden und auf das bleierne Grau des Leba-Sees im Süden bis hin zu dem in der Ferne aufragenden einsamen Gipfel des 117 m hohen *Revekol,* dem heiligen Berg der Kaschuben, gehört zu den stärksten und bewegendsten Eindrücken, die man in diesem Lande empfangen kann. Es ist wie ein Hauch der Ewigkeit, der den Betrachter umweht – das leise Rauschen des Windes läßt ihn eintauchen in die Geschichtslosigkeit – an den Anfang, wo Gott, der Herr, Himmel und Erde schuf ...

Gestrandetes Schiff bei Rowe

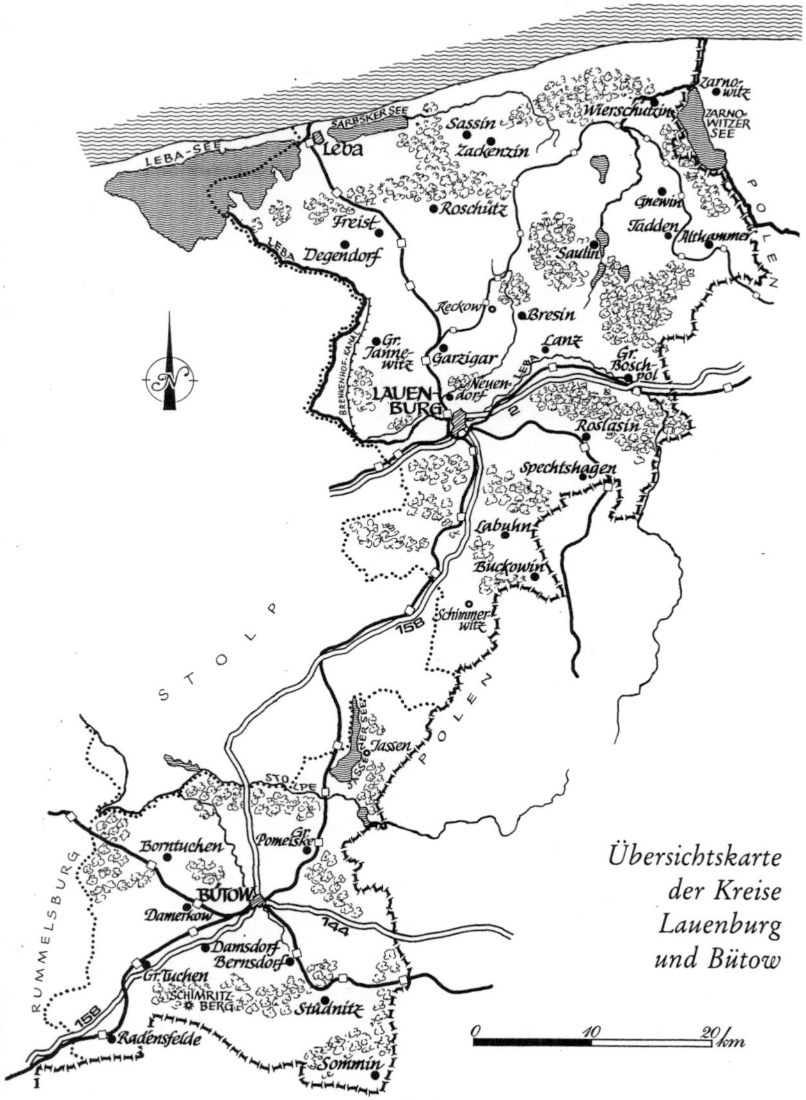

Übersichtskarte der Kreise Lauenburg und Bütow

IM POMMERSCHEN ORDENSLAND

DIE KREISE LAUENBURG UND BÜTOW

Der äußerste Nordosten Hinterpommerns führte in der Geschichte als *Lande Lauenburg-Bütow* über Jahrhunderte ein politisches Eigenleben. In historischer Hinsicht standen die „Lande" zwischen dem östlich benachbarten eigentlichen Pommerellen und dem Herzogtum Pommern, das sich 1317 im Westen bis an die Leba herangeschoben hatte. In kirchlicher Hinsicht gehörten sie im Mittelalter zu zwei verschiedenen Bistümern: Lauenburg unterstand mit dem übrigen Pommerellen der polnischen Diözese Leslau *(Włocławek)*, Bütow hingegen dem pommerschen Bistum Cammin. Räumlich bildeten sie keine Einheit, waren sie doch durch ein paar Kilometer herzoglich-pommerschen (Stolper) Gebietes getrennt. Und doch gingen sie von 1310 bis 1845 gemeinsame Wege.

In vorgeschichtlicher Zeit saßen im Weichselmündungsgebiet germanische Völker, die verstärkt seit der Bronzezeit durch ihre Hinterlassenschaft faßbar werden: zum einen durch die typisch germanischen Haus- und Gesichtsurnen, zum anderen durch die bronzenen Halsringe, die in großer Zahl bei Groß Jannewitz und Gnewin gefunden wurden. Um die Zeitenwende erscheinen im östlichen Hinterpommern und an der Weichselmündung *Rugier* und *Goten*. Dieses Volk stand in hoher kultureller Blüte, es hat an der „Gothiskandza", wie Jordanes, der am byzantinischen Hof im 6. Jahrhundert lebende Schriftsteller gotischer Herkunft die Ostseeküste im späteren Westpreußen nannte, sogar in zwei Ortsbezeichnungen seinen Namen hinterlassen: G(e)dingen und G(e)danz(i)g. Die im Slawischen zu -ged-, -gd- verkürzte Stammsilbe dieser Bezeichnungen enthält den Namen der Got-en.

In der Zeit der Völkerwanderung zogen die ostgermanischen Goten nach Südosten ab und hinterließen einen nahezu menschenleeren Raum; nur an wenigen Stellen waren kleine Gruppen übriggeblieben, die nun in der allmählich nachrükkenden slawischen oder wendischen Bevölkerung aufgingen. Es waren die *Pomoranen*, deren Siedlungsgebiet – was häufig übersehen wird – bis an die untere Weichsel reichte; sie treten um das Jahr 1000 in das Licht der Geschichte. Damals waren sie noch nicht zu einer einheitlichen politischen Ausformung gelangt, denn sowohl im Unteroderraum wie auch in Danzig erscheinen damals politische Machtzentren; unser Gebiet gehörte zum Danziger Fürstentum, dem später so genannten *Pommerellen.* Wir wollen hier nicht die ganze verwickelte Geschichte dieses Raumes wiederholen, aber doch erwähnen, daß in pommerellischer Zeit das Lauenburger Gebiet zur Kastellanei Belgard (unweit von Leba) gehörte. Bütow und seine Umgebung blieben damals noch im Dunkel der Vorgeschichte.

Als 1295 das pommerellische Herzogtum ausstarb, setzten sich in dem Kampf um das Erbe schließlich der Deutsche Ritterorden und die brandenburgischen Markgrafen durch. Diese übertrugen ihren Anteil (die Länder Schlawe und Stolp) 1317 an die Herzöge von Pommern-Wolgast. Damit waren Pommern und der Orden zu Nachbarn geworden, die Teilungslinie Pommerellens verlief an der Leba und oberen Stolpe, sie war als westliche Lauenburger und Bütower Kreisgrenze bis 1945 unverändert gültig. 1385 gelang es dem Orden, zur Abrundung noch das westlich von Bütow gelegene Land Tuchen zu kaufen, das fortan bei Bütow verblieb.

Der Orden begann bald mit der Sicherung und Besiedlung des neugewonnenen Gebietes: In *Bütow* legte er eine mächtige Konventsburg an, die für einen Verwaltungsbezirk, eine Komturei, zuständig wurde. In *Lauenburg* begnügte man sich mit einer kleineren Anlage, die Sitz eines Pflegers wurde. Schon bald danach begann der Orden mit den ersten Siedlungsmaßnahmen. Da das Land nicht viel einbrachte – die wenigen slawischen Bewohner betrieben nur eine primitive Landwirtschaft – leiteten die Ordensritter deutsche Bauern in diese bislang so abgelegene Gegend, die die Dreifelderwirtschaft einführten und weite Wälder rodeten, vielfach aber auch zusammen mit den Pomoranen in nach deutschem Recht neu ausgemessenen Dörfern angesetzt wurden. Den Höhepunkt dieses Siedlungsvorganges bildete die Anlage deutschrechtlicher Städte in dieser bisher völlig städtelosen Landschaft.

1341 übergab der Ordenshochmeister Dietrich von Altenburg dem Rütger von Emmerich 100 Hufen zur Gründung der Stadt Lauenburg, 1346 folgte im Schutze der Ordensburg Bütow, und schließlich entstand 1357 an der Mündung der Leba das Städtchen *Lebamünde* – auf dem falschen, linken Ufer des Lebaflusses, wie wir heute wissen. Im Gegensatz zur sonstigen Gewohnheit knüpfte man nicht an den alten Kastellaneimittelpunkt Belgard an, sondern wählte gleich den Standort an der Küste.

Der Orden trat hier mit einem Konzept an, das ausgereift und bereits in den 100 Jahren seiner Herrschaft im Preußenland östlich der Weichsel erprobt war. Die Siedlungen wurden immer nach dem gleichen Schema angelegt: die Dörfer zumeist als Anger-, gelegentlich auch als Straßendörfer, die Städte nach dem Muster eines Schachbretts. Doch zeigt sich auch hier die Besonderheit des Ordenslandes darin, daß der Grundriß viereckig gehalten wurde; in einer Ecke oder knapp außerhalb von ihr lag das Ordenshaus. War es ein kleineres, wie bei Lauenburg, wurde es in den Stadtmauerkranz einbezogen. Bei einer großen Konventsburg, wie wir sie in Bütow vor uns haben, verzichtete man auf die feste Bewehrung der Stadt und ließ die Bevölkerung in Zeiten der Gefahr in die Burg. So hatte man es bisher überall im Ordenslande gehalten und tat es nun auch hier. Die deutschen Einwanderer erhielten das überall im Ordenslande geltende *kulmische Recht* verliehen, eine Sonderform des Magdeburger Rechts, das erstmals 1232 in der sogenannten „Kulmer Handfeste" ausgetan wurde.

Lauenburg – Ansicht von Lubinus (1618)

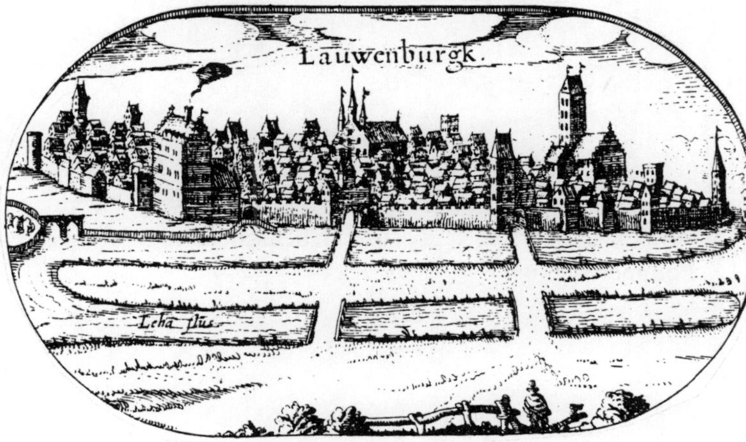

Doch sollte sich der Orden seines Besitzes nur für etwa anderthalb Jahrhunderte erfreuen. Seine volle Kraft konnte er ohnehin nicht mehr lange einsetzen, denn das Wüten des „Schwarzen Todes“ in den Pestjahren 1347–1351 ließ kaum noch genügend Siedler in den Osten ziehen, hatte der bisher so bevölkerungsreiche Westen doch jetzt selbst die großen Lücken zu füllen, die diese furchtbare Seuche überall hinterlassen hatte. Im ausgehenden 14. Jahrhundert erlebte der Ordensstaat unter Winrich v. Kniprode noch einmal eine große Blütezeit und schien gefestigt dazustehen, wie nie zuvor. Doch die polnisch-litauischen Ereignisse der Zeit nach 1386 brachten die Wende, die Schlacht von Tannenberg im Jahre 1410 machte sie sichtbar.

Lauenburg – Ordensschloß

Die großen Handelsstädte an der Weichsel, voran Danzig und Thorn, forderten größere Rechte, und die kulmerländische Ritterschaft verschwor sich gegen den Orden. Als schließlich der polnische König Wladysław IV. den Städten große Versprechungen machte, war der Aufruhr da: In dem nun folgenden Dreizehnjährigen Krieg 1454–1466 kämpften die Ordensritter mit wechselndem Glück. Ihre Gegner waren auch die pommerschen Herzöge, die – nur ihr vordergründiges Ziel, einen Teil Pommerellens zu erwerben, im Auge – nicht begriffen, daß sie damit einer ausländischen, deutschfeindlichen Macht Vorschub leisteten.

Der Zweite Thorner Friede beendete 1466 das Ringen und schlug eine polnische Bresche ins Ordensland: Pommerellen, Kulmerland und Ermland kamen als „Königliches Preußen“ unter die Herrschaft der polnischen Krone, die ihrerseits den Beistand der pommerschen Herzöge belohnte und ihnen die Lande Lauenburg und Bütow als *erbliches polnisches Lehen* übertrug. Dieser staatsrechtliche Zustand währte bis zum Aussterben des pommerschen Herzogshauses und führte in der Praxis zu einer völligen Eingliederung beider Landesteile in Pommern. Sie teilten fortan Glück und Leid, Frieden und Krieg mit diesem, nahmen 1535 auch die Reformation an, was 100 Jahre später von Bedeutung sein sollte.

Als mitten im Dreißigjährigen Krieg der letzte Pommernherzog Bogislaw XIV. 1637 die Augen für immer schloß, schlug für das pommersche Ordensland die Schicksalsstunde: Das nun erledigte Lehen fiel an die polnische Krone zurück.

Die fast durchweg protestantische Bevölkerung der Lande mußte ihre Gotteshäuser der katholischen Kirche zurückgeben; lediglich auf dem Lande konnte der Adel einige Kirchen behaupten bzw. neu erbauen.

Doch das Schicksal wollte es, daß Lauenburg und Bütow zu Pommern zurückkehren sollten. Dieses war in seinem größeren östlichen Teil 1648/1653 brandenburgisch geworden und teilte somit fortan die Geschicke dieses Staates, dessen Herrscher 1657 im Schwedisch-Polnischen Erbfolgekrieg

(1654–1660) auf die Seite des bedrängten Polen trat. Als Dank erhielt der Große Kurfürst dafür noch in jenem Jahre die Belehnung mit den Landen Lauenburg-Bütow, die damit an das nun brandenburgische (Hinter-)Pommern zurückfielen. Der Große Kurfürst mußte sich jedoch verpflichten, den Besitzstand der katholischen Kirche zu wahren – so blieben die mittelalterlichen Stadtkirchen St. Jakobi in Lauenburg und St. Katharinen in Bütow bis 1945 katholisch, obwohl die Zahl der Katholiken immer sehr gering war; auch war damit ihre kirchliche Zugehörigkeit zum Bistum Leslau (bis 1821), dann zu Kulm (bis 1922) und schließlich zur Freien Prälatur Schneidemühl (1922–1945/1972) festgelegt. Pacta servanda sunt – Verträge sind zu halten!

Die evangelische Bevölkerung hatte sich nach 1637 Notkirchen in ihren Rathäusern eingerichtet, auf dem flachen Lande entstand die eine oder andere Kirche neu. In beiden Städten konnte sie erst im 19. Jahrhundert eigene Gotteshäuser errichten. 1854 entstand nach einem Entwurf von Schindler in Anlehnung an die Matthäuskirche im Berliner Tiergartenviertel die St. Elisabethkirche in Bütow, in Lauenburg wurde die Salvatorkirche gar erst 1866 errichtet. Die Lauenburger spendierten sich sogar ein neues Rathaus, das von dem alten, inzwischen längst zu klein gewordenen und daher abgebrochen Bau die gotische Giebelfront übernahm.

Als 1845 der Lauenburg-Bütowsche Kreis in seine beiden natürlichen Bestandteile zerlegt wurde, begann auch für Bütow ein politisches Eigenleben. Beide Kreise bildeten fortan die nordöstlichen Eckpfeiler der Provinz Pommern und wiesen sich als Übergangsgebiete nach Westpreußen, zur Kaschubei aus. Das kam nicht nur in der Tatsache zum Ausdruck, daß die beiden benachbarten Kreise Bütow (Pommern) und Karthaus (Westpreußen) jeweils die höchste Erhebung in ihrer Provinz stellten: *Schimmritzberg* (256 m) und *Turmberg* (331 m) – beide im Pommerschen Landrücken gelegen, der sich im Osten bis zur Danziger Höhe fortsetzt. Der Übergang zu Westpreußen zeigt sich hauptsächlich in

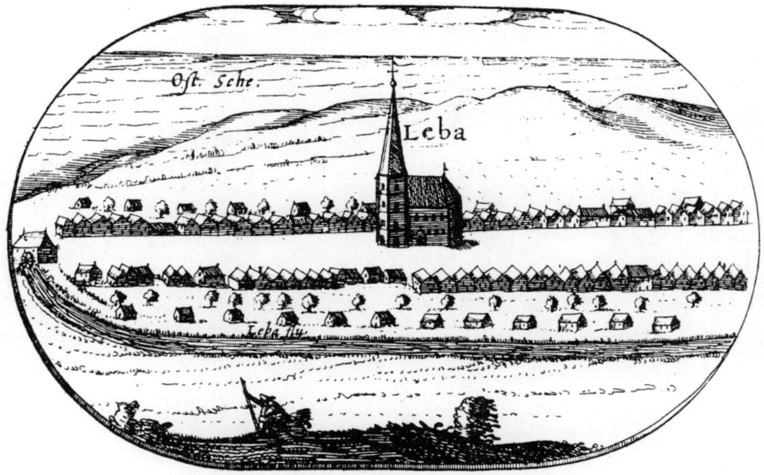

Leba – Ansicht von Lubinus (1618)

der Struktur der Bevölkerung: in beiden pommerschen Kreisen gab es eine sehr kleine Anzahl *Kaschuben.* Sie waren durchweg katholisch und damit einem polnischen Einfluß ausgesetzt, der sich über Kirche und Schule bis hinein in die Politik erstreckte. Dadurch gelang es, die Zahl der Stimmen für polnische Kandidaten (bei der Reichstagswahl 1912) von 694 auf 1 027 (bei der preußischen Landtagswahl von 1924) zu steigern, doch ist dieser Zuwachs allein auf kaschubisch-polnische Neusiedler zurückzuführen, die auf den von der polnischen Bank Ludowy aufgekauften und parzellierten Gütern angesetzt wurden. Die alteingesessenen Kaschuben hielten zum Reich, was sich selbst heute noch bemerkbar macht. Fragt man einen Polen in einem dieser Dörfer des Kreises, was für Menschen hier leben, erhält man die Antwort: Polen und Kaschuben. Die hier nach 1945 ansässig gewordenen Polen empfinden die Kaschuben also nicht als zu ihrem Volke gehörig – entgegen der offiziellen Propaganda, die diese Menschen zu einem polnischen Stamm machen will. Lediglich in Westpreußen war es teilweise gelungen, einige Kaschuben, so in den Kreisen Berent und Konitz, oberflächlich zu polonisieren.

Daß die Kaschuben der letzte, noch übriggebliebene Rest der einstigen vordeutschen Bevölkerung sind, haben wir bereits gehört. Sie sprechen gewissermaßen eine Mundart der pomo-

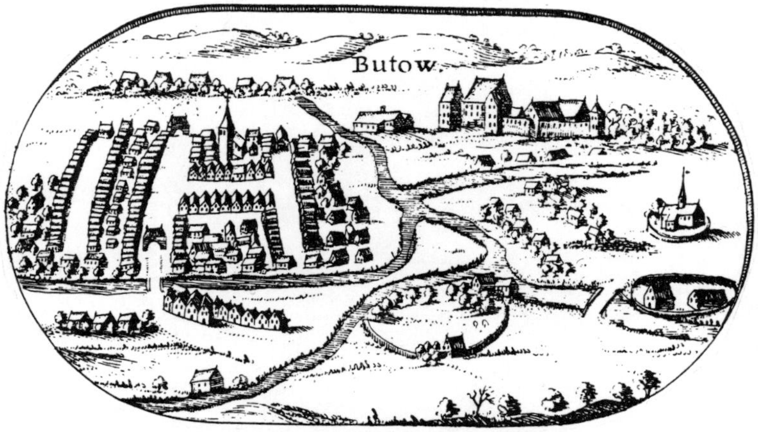

Bütow – Ansicht von Lubinus (1618)

ranischen Sprache, die es selbst nicht zu einer Schriftform gebracht hat. 1910 wurden in *Westpreußen* 107199 Kaschuben gezählt, die sich zu ihrer Muttersprache bekannten, das sind 6,3 v. H. der Bevölkerung dieser Provinz. Besondere Verdienste um die Erforschung dieses Völkchens hat sich der Philologe Friedrich Lorenz erworben. Er erkannte als einer der ersten die Eigenständigkeit der kaschubischen Sprache und wies sie als übriggebliebenen Rest des Pomoranischen nach. Besonders wertvoll ist in diesem Zusammenhang das von ihm herausgegebene Pomoranische Wörterbuch.

Nach dem unglücklichen Ausgang des Ersten Weltkrieges versuchten die Polen auch der Lande Lauenburg-Bütow habhaft zu werden. Doch der energische Lauenburger Landrat Dr. Kreßmann setzte sich in Berlin dafür ein, daß die Reichsregierung die polnischen Ansprüche entschieden zurückwies. Schließlich wurde bei der Festlegung der neuen deutsch-polnischen Grenze entschieden, daß insbesondere vom Kreis Bütow die Ortschaften (Pommersch) Prondzonka, Althütte und Schelews an Polen abzutreten und mit einigen Dörfern am Zarnowitzer See auszutauschen seien, die dem Kreis Lauenburg zugelegt wurden. Die neue Reichsgrenze hat man jedoch am Westufer dieses Sees gezogen – einige Meter vor dem Wasser! Vom westpreußischen Kreis Karthaus wurde das Dorf Zukowken (später: Treuenfelde) zum Kreis Bütow gelegt, um die Bahnlinie Lauenburg-Bütow nicht über polnisches Gebiet verlaufen zu lassen.

Die zwanziger und dreißiger Jahre unseres Jahrhunderts brachten beiden Grenzkreisen mannigfache Probleme, waren doch die alten gewachsenen Verbindungen zum nahen Danzig durch den neuen „Polnischen Korridor" unterbrochen. Viel wurde damals getan. Am herausragendsten war die Errichtung der Pädagogischen Hochschule in Lauenburg, die – von Siegfried Gliewe angeregt – 1933 ihre Pforten öffnete und 1937 ihre modernen Gebäude bezog – eine echte kulturpolitische Maßnahme in dem bedrohten Grenzgebiet. Ihr folgte die Restaurierung der Bütower Ordensburg, die als Jugendherberge und „Schulungsburg" ebenfalls ein Mittelpunkt der Jugenderziehung werden sollte – so wie man diese damals verstand.

Auch das kleine Leba, das lange Jahrhunderte hindurch als Fischernest still vor sich hingelebt hatte – abgeschieden von der Außenwelt, die kaum die Verlegung des alten Lebamünde nach der schweren Sturmflut von 1558 auf das rechte Ufer des Lebaflusses wahrnahm – hatte sich nach dem Eisenbahnanschluß (1899) und der Errichtung des Kurhauses (1913) zu einem reizvollen Ostseebad gemausert, das wegen seiner Ursprünglichkeit gern aufgesucht wurde. So hatten in unserem Jahrhundert alle drei Städte ihren Aufschwung genommen, der sie auf 19114 (Lauenburg), 10045 (Bütow) und 2846 Einwohner (Leba) anwachsen ließ.

Der alles zerstörende Zweite Weltkrieg hat vor dem „Blauen Ländchen" (so nannte man den Kreis Lauenburg seines blau schimmernden fernen Horizontes wegen) und dem Bütower Land nicht haltgemacht: Die deutsche Bevölkerung wurde vertrieben, an ihre Stelle traten Polen, die – wir hörten es schon – keinesfalls mit den zurückgebliebenen Kaschuben ein Herz und eine Seele sind. 40 Jahre lang vergleichen die Nachfahren der Pomoranen nun schon, unter welcher Herrschaft sie besser lebten, unter der deutschen oder der polnischen. Wer die Kaschuben wirklich kennt, weiß um die Antwort.

DIE POMMERSCHE SEENPLATTE
DIE KREISE DRAMBURG UND NEUSTETTIN

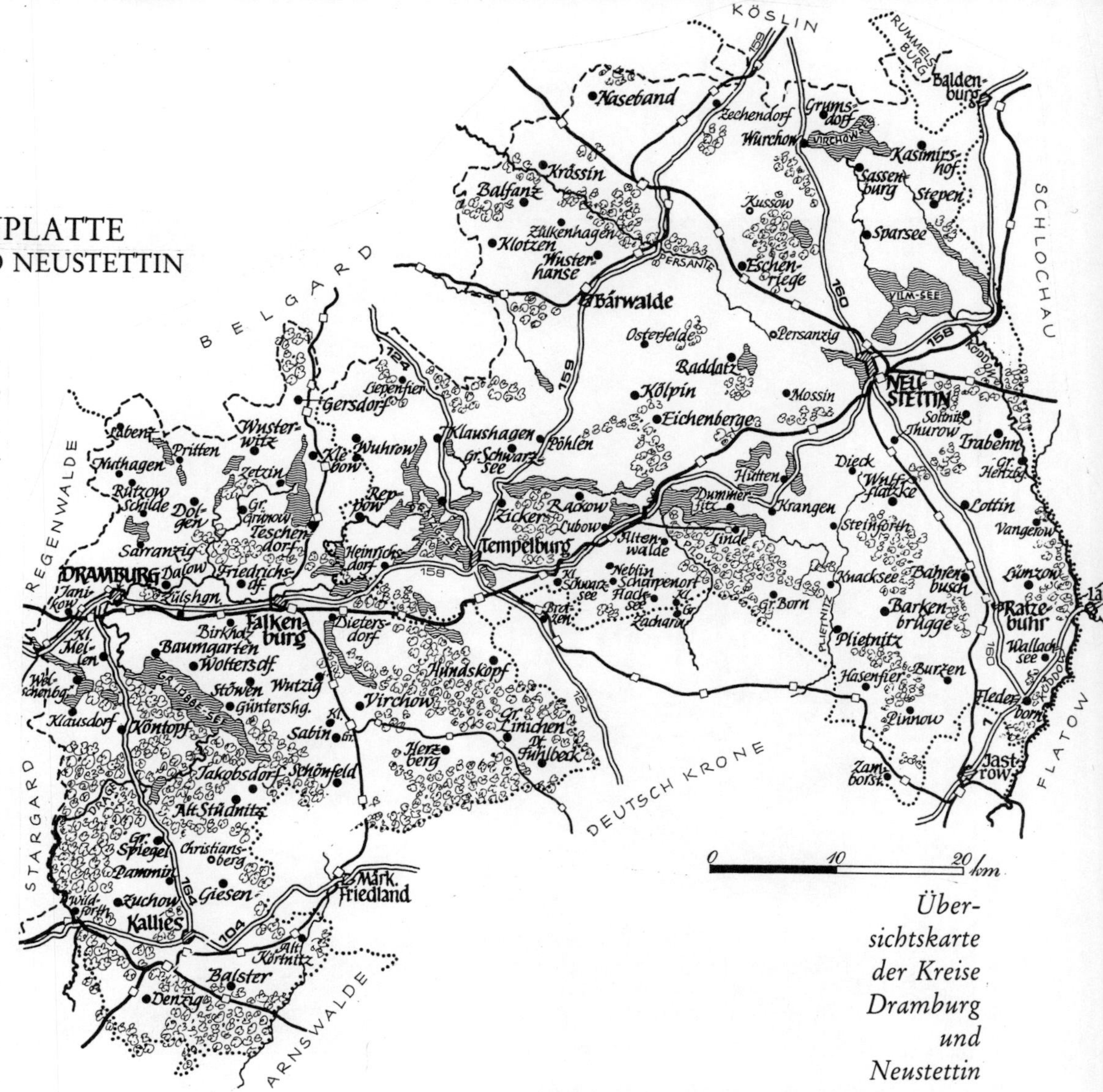

Übersichtskarte der Kreise Dramburg und Neustettin

Die unstreitig schönste Binnenlandschaft Pommerns ist jener Landstrich zwischen der oberen Drage und oberen Küddow, der gemeinhin als die *Pommersche Seenplatte* oder – wegen seines stark welligen, gelegentlich beinahe gebirgigen Charakters – auch die „Pommersche Schweiz" genannt wird. Hier erreicht der *Pommersche Landrücken* seine größte Breite und Vielfalt, hier entspringen auf der Wasserscheide zwischen Ostsee und Netze viele kleinere und größere Flüsse: *Rega* und *Persante* suchen sich ihren Lauf zum baltischen Meere, während *Drage* und *Küddow* die südlich des Landrückens sich anschließenden weiträumigen Sandergebiete durchströmen, zur *Netze* ziehen und damit zum *Oder*einzugsgebiet gehören.

Man kann sie gar nicht alle aufzählen, die vielen Seen, aber einige sollen an dieser Stelle doch genannt sein, um ihrer Größe und Bedeutung willen: Da ist in der Mitte des Kreises Dramburg der von der Drage durchflossene Große Lübbe-See (14,9 qkm), ein 14 km langer Rinnensee; in der Umgebung von Falkenburg liegen der Zetzin- und der Vansow-See, dazwischen der Krössin-See – dieser bekannt aus der Zeit des „Dritten Reiches". Dann folgen am Oberlauf der Drage der eindrucksvolle Dratzig-See, von dem wir noch hören werden, und im Kreis Neustettin der Große Kämmerer- (4 qkm) und Große Pielburger See (10,1 qkm), beide zur Pilow, einem Nebenfluß der Küddow entwässernd. Im Nordosten dieses Kreises mögen außerdem noch Neustettins Hausseen, der Streitzig- (3 qkm) und der Vilm-See (18,3 qkm) sowie der Virchow- (7,8 qkm) und der langgestreckte Dolgen-See (3,1 qkm) erwähnt sein – sie alle liegen im Einzugsbereich der oberen Küddow.

Der *Dratzig-See* ist der größte und schönste unter allen genannten Seen. Er beeindruckt weniger durch seine Größe

Dramburg – Panorama-Ansicht von Merian (1652)

(18,6 qkm) als durch seine buchtenreiche „fünffingerige“ Gestalt und eine maximale Tiefe von 83 m, die ihn zum tiefsten Gewässer der Norddeutschen Tiefebene macht. Sie ist wohl durch die Strudelwirkung von Wassermassen entstanden, die sich beim Abschmelzen des Eises in der letzten Eiszeit nach Durchbrechen eines Staus plötzlich hierher ergossen. Einige Uferpartien fallen recht steil ab, Rutschungen kommen daher gelegentlich vor: Wie mögen da die Grenadiere gestaunt haben, als sie 1790 nach einem anstrengenden Exerziertag am nächsten Morgen zu ihrem Übungsplatz marschierten und – ihn nicht mehr sahen. Der auf einer kleinen Halbinsel gelegene Platz war über Nacht in den See abgerutscht! Der bekannt kräftige preußische Marschtritt hat hier gewissermaßen Grund und Boden in die Tiefen eines Sees gestampft!

Dramburg, die „Drageburg“ oder „Drawenborch“, wie sie in

alter Zeit genannt wurde, ist eine brandenburgische Gründung. 1297 erteilten die Markgrafen sie dem Ritter Arnold von Goltzen zum Besetzen, was in den folgenden Jahren auch geschah. Die junge, in der Form eines Rechtecks angelegte Siedlung mußte noch im 14. Jahrhundert durch eine Neustadt erweitert werden. Sie bildete ein wichtiges Bindeglied zu den brandenburgischen Außenposten Schivelbein und Falkenburg in der *Hinteren Neumark,* nachdem 1368 die Länder Krone und Tempelburg (Draheim) an Polen gefallen waren. 1400–1455 gehörte Dramburg zusammen mit der gesamten Neumark dem Deutschen Ritterorden. Aus dieser Zeit stammt wohl die weit ins Land hinein sichtbare Kirche. Die Stadt entwickelte sich seit dem 16. Jahrhundert zum Mittelpunkt eines „Beritts", eines Verwaltungsbezirks, zu dem auch Kallies gehörte. Aus dem Dramburger und dem östlich angrenzenden Falkenburger Beritt entstand übrigens im 18. Jahrhundert der Kreis Dramburg, der zusammen mit dem Schivelbeiner Kreis 1815 von Brandenburg zu Pommern gelegt und dort dem Regierungsbezirk Köslin zugewiesen wurde. 1938 wurde der Kreis Dramburg dem neuen pommerschen Regierungsbezirk Grenzmark Posen-Westpreußen unterstellt. Dramburg war vor dem Kriege eine lebhafte Beamten-, Schul- und Ackerbürgerstadt mit 8088 Einwohnern (heute sind es 10200); 1945 wurde sie zu 50 v. H. zerstört.

Die *Kallieser* waren kauzige Leute. Sie standen in dem Ruf, Fremden erst einmal „den Flöz abzuschleifen". Man hatte den Einfall, dies zur Fremdenwerbung zu nutzen und stellte vor der Stadt einen Schleifstein auf, dazu eine Tafel:

„Ich seh, du alter Pessimist,
daß du noch ungeschliffen bist.
Ich bin aus Menschenfreundlichkeit
dich abzuschleifen gern bereit.
Der Schleifmüller"

Wie so oft, hat auch die Schleifsteinsage einen realen historischen Hintergrund. In alter Zeit war in Kallies und in seinen beiden Nachbarstädten das Tuchmachergewerbe von großer Bedeutung. Die Kallieser standen in dem Ruf, die besten Schleifsteine zu haben, denn sie hatten immer die glattesten und schärfsten Messer. Da man zum Tuchschneiden gute, nicht schartige Messer benötigt, kamen bald die Dramburger und Falkenburger nach Kallies, um sie dort schleifen zu lassen. Abends, nach getaner Arbeit, wurde das Ergebnis im Gasthaus gehörig gefeiert. Dabei erwiesen sich die Kallieser als sehr pfiffig: Sie verstanden es, ihren Gästen so viel einzutrichtern, wie diese Geld in den Taschen hatten. Am nächsten Morgen wieder nüchtern, war manch einer der Meinung, die Kallieser hätten ihm abends ganz schön das Fell über die Ohren gezogen, d. h. ihn ausgenommen. – Zu Hause mußte man beichten. Irgendjemand hat dann die Geschichte mit dem „Flöz" erfunden, um sich an den Kalliesern zu rächen. Die aber verstanden es, diese Redensart noch zu vermarkten ...

Natürlich waren Fremde in der kleinen Ackerbürgerstadt willkommen, wenn sie sich in diese waldreiche Gegend verirrten, was gelegentlich vorgekommen sein soll. Dann wird sich der Reisende über den Kallieser „Hauptbahnhof" gewundert haben. Die 1939 nicht mehr als 4016 Einwohner zählende Stadt leistete sich nämlich den Luxus zweier Bahnhöfe. Von bescheidenem Wohlstand konnte man sowieso erst seit etwa 100 Jahren sprechen; davor hatte Kallies viel unter

Neustettin – Ansicht von Lubinus (1618)

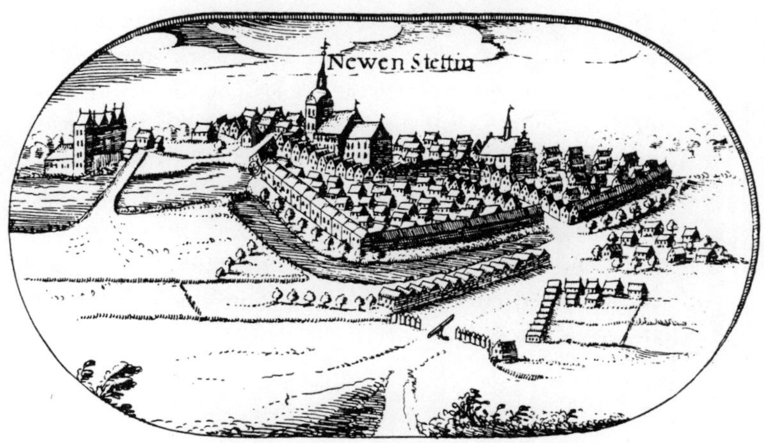

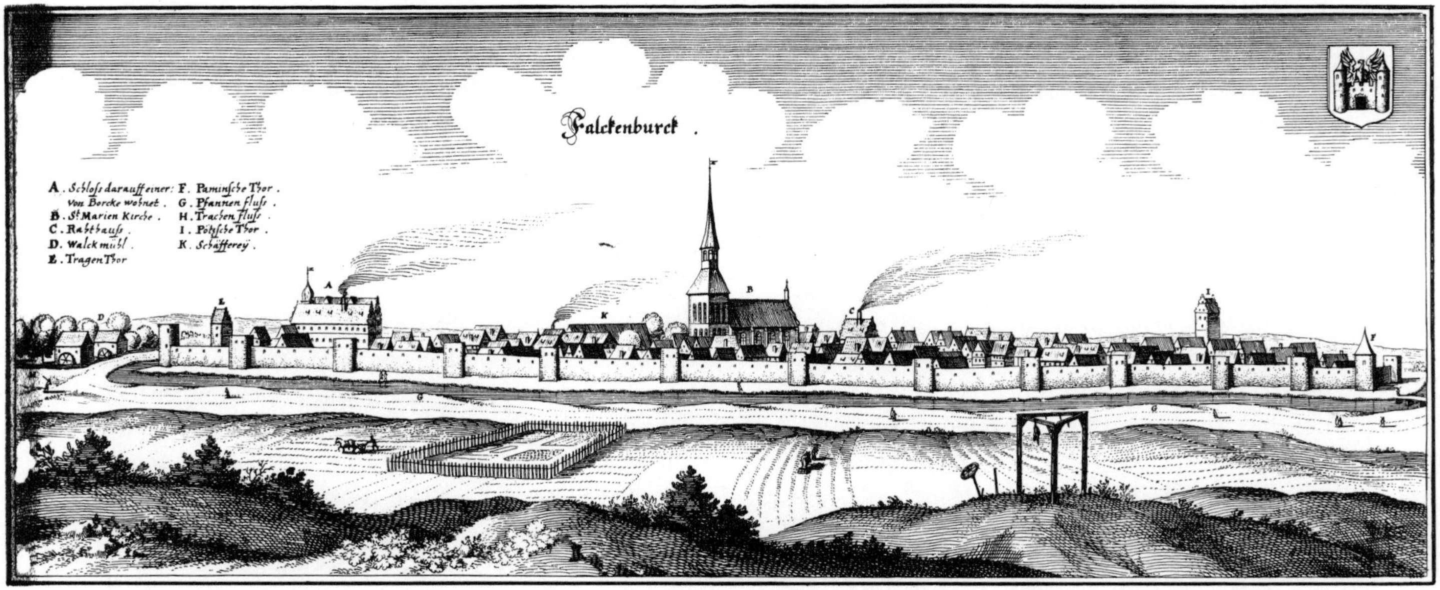

Falkenburg – Panorama-Ansicht von Merian (1652)

Kriegen, Stadtbränden und durchmarschierenden Truppen zu leiden, so daß in dem 1303 erstmals erwähnten Städtchen nicht viel Altes geblieben war. Die Kirche hatte man immerhin auf dem Grundriß der Potsdamer Garnisonkirche erbaut – aus Sparsamkeitsgründen, versteht sich.

Falkenburg, die dritte Stadt im Dramburger Kreis, war zugleich auch seine größte. Hier war das Tuchmachergewerbe lebendig geblieben. Dieses Handwerk konnte sich fabrikmäßig entwickeln, weil die preußische Regierung hierher größere Aufträge für Uniformen gab: Das Falkenburger „Feldgrau" prägte unsere Soldaten während des Ersten Weltkrieges zumindest farblich. Als der Krieg vorüber war, sah man in dieser Stadt nicht nur rot, sondern man wählte es auch: Nicht ohne Grund bauten die braunen Herren nach 1933 vor den Toren der Stadt eine „Ordensburg" – um einen Kontrapunkt zu setzen.

Die Stadt war bei der Falkenburg, einer von den Templern im 13. Jahrhundert errichteten Ordensburg, entstanden und entwickelte sich im Mittelalter zu einem Flecken. 1333 verliehen die Brüder Lüdeke und Hasse v. Wedel ihrer Stadt „tho Valckenborch" brandenburgisches Recht. Damit wird hier, wie in großen Teilen der übrigen Neumark, wieder einmal die große kolonisatorische Rolle des Geschlechts v. Wedel sichtbar, die in diesem Raum als Lehnsleute der brandenburgischen Markgrafen die Besiedlung vorantrieben. Als 1877 die „Pommersche Centralbahn" eröffnet wurde, trat zu dem alten, schon erwähnten Tuchmacherhandwerk noch die Ziegelindustrie hinzu, deren Produkte über die Bahn weithin abgesetzt werden konnten.

Die Landschaft um den Dratzig-See östlich von Falkenburg ist das *Land Tempelburg*, früher auch als *Amt Draheim* bezeichnet. Es ist das Einzugsgebiet der oberen Drage, die in dem reizvollen Fünfseengebiet in der Nähe Bad Polzins entspringt. In der Vergangenheit spielte diese Gegend eine nicht unbedeutende Rolle, zog sich doch schon in alter Zeit ein wichtiger Handelsweg zwischen den zahlreichen Seen entlang: die *Salzstraße* von Kolberg nach Nakel an der Netze. Bereits im 11. und 12. Jahrhundert waren die Polen bei ihren Eroberungszügen auf der Salzstraße ins Pommernland eingefallen, hatten um 1000 Kolberg und kurz nach 1100 wiederum Belgard erobert; schließlich hatten sie sich im 13. Jahrhundert hier sogar festgesetzt. Doch als die brandenburgischen Markgrafen ebenfalls im 13. Jahrhundert in der Neumark nach Norden vordrangen und dabei in unmittelbarer Nähe sogar Städte und Dörfer gründeten und damit ihren Besitz befestigten, gab der polnische Herzog Przemysław das obere Dragegebiet auf und schenkte es 1286 dem Templerorden – mochte dieser mit dem strittigen Besitz fertigwerden und ihn behaupten.

Doch dieser Orden errichtete alsbald eine Burg, dort, wo jetzt die alte, schon früher katholische Kirche Tempelburgs steht; vermutlich war sie nur ein Blockhaus. Aber schon 1312 wurde dieser Orden vom Papst aufgelöst. Auch hier traten die Johanniter das Erbe der Templer an. Bei diesem Besitzwechsel dürfte ein Teil des Gebietes von den brandenburgischen Markgrafen an Lehnsleute verliehen worden sein; denn 1334 sehen wir die Stadt Tempelburg bei ihrer ersten Erwähnung in den Händen von Ritter Wiskinus v. Vorbeck und Hermann Rode.

Der Platz für Burg und Stadt war geschickt ausgewählt: Er sperrt eine Landenge zwischen Dratzig- und Zeppelin-See, die die alte Salzstraße passieren mußte. Ähnlich günstig, nur etwas weiter nördlich, lag die noch heute als Ruine vorhandene Burg *Draheim*, mit deren Bau die Templer wohl um 1300 begannen, dort wo Dratzig- und Sareben-See sich einander auf 50 m nähern. Hier konnte man die vorüberführende Salzstraße gut beherrschen; ein Ausweichen war nicht möglich.

Nach dem Aussterben des tatkräftigen Herrscherhauses der Askanier in der Mark (1319) konnte Brandenburg viele Außenposten mühsam oder gar nicht mehr behaupten. 1368 trennte sich Markgraf Otto der Faule von dem zwischen Drage und Küddow gelegenen Land Krone und verwies die Johanniter um Tempelburg und Draheim an den König von Polen. Dieser setzte sich 1407 gewaltsam in den Besitz des Ordens und machte daraus die Starostei Draheim. Doch blieb der deutsche Charakter dieses Gebietes unangetastet.

Nach der Reformation, die 1535 in Pommern und 1537/1541 in der benachbarten Neumark offiziell zum Zuge kam, waren die deutschen Bewohner im Lande Tempelburg-Draheim zu Anhängern der lutherischen Lehre geworden. Anfangs ließ die polnische Obrigkeit sie in Ruhe; doch in den ersten

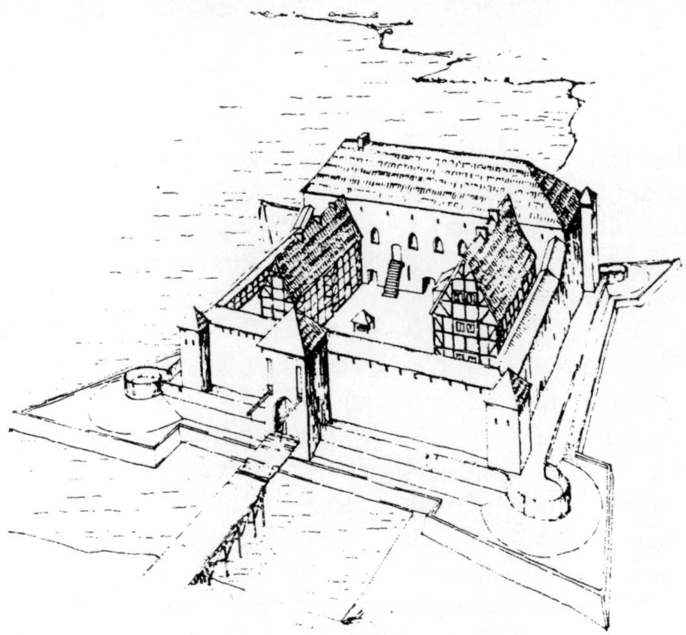

Burg Draheim im 17. Jh. (Rekonstruktion)

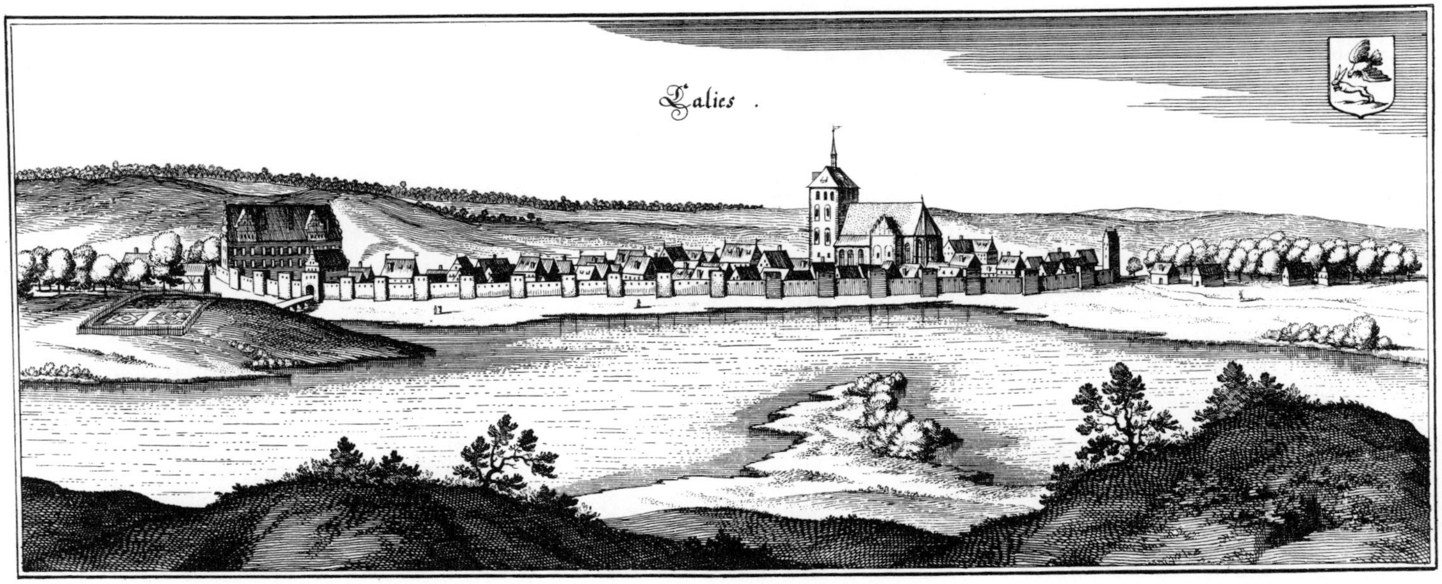

Kallies – Panorama-Ansicht von Merian (1652)

Jahrzehnten des 17. Jahrhunderts setzten die religiösen Bedrückungen ein. Der politische Hoheitswechsel, der sich 1657 vollzog, als der Große Kurfürst die Starostei Draheim vom polnischen König für seine Hilfeleistung gegen die Schweden im Schwedisch-Polnischen Erbfolgekrieg (1654–1660) als Pfandbesitz erhielt, brachte anfangs kein Ende der Religionsstreitigkeiten, da der Kurfürst den katholischen Besitzstand garantieren mußte. Es traten damit ähnliche Verhältnisse ein, wie wir sie in den Landen Lauenburg-Bütow schon kennengelernt haben. Erst 1829 konnten sich die evangelischen Tempelburger (4 v. H. der 5 275 Einwohner von 1939) an der Ostseite des Marktplatzes ein eigenes Gotteshaus errichten.
Als Mittelpunkt des pommerschen Südostens kann die Kreisstadt *Neustettin* gelten, wegen ihrer schönen Lage am Streitzig-See auch die „Perle Hinterpommerns" genannt. Sie war früher eine schöne, gepflegte Stadt, regsam und aufstrebend und dank der fünf von hier ausstrahlenden, 1877/1878 gleichzeitig errichteten Bahnlinien von überallher gut erreichbar. Der pommersche Herzog hatte sie 1310 gegründet, um diesen äußersten Vorposten Pommerns zu sichern, kurz nachdem die brandenburgischen Markgrafen das Kroner und Tempelburger Land erworben und sich in Pommerellen festgesetzt hatten.
Lange war Neustettin, von 1466 an mit seinem Umland an drei Seiten von polnischem Gebiet umgeben, eine abgelegene Stadt. Deshalb war es eine Tat, die von Weitblick zeugte, als die Herzogin Hedwig, Witwe des pommerschen Herzogs Ulrich II., im Jahre 1640 hier ein Gymnasium stiftete – das später berühmte Fürstin-Hedwig-Gymnasium.
Neustettins Ruf als Schulstadt war damit begründet. Als es im 18. Jahrhundert Kreisstadt wurde, siedelten sich weitere

Verwaltungsstellen an, und schließlich kam die Rolle als Garnisonsstandort hinzu. Als 1878 der Bahnhof mit den fünf ausstrahlenden Linien nach Ruhnow, Belgard, Stolp, Konitz und Schneidemühl fertiggestellt war, hatte Neustettin seine Funktion als Mittelpunkt des pommerschen Südostens endgültig gewonnen. 1939 lebten hier 19942 Deutsche; heute sind es 36900 Polen.

„Hammerstein und Groß Born
schuf der Herr im Zorn."

Diesen Stoßseufzer kannte früher jeder pommersche Soldat, waren damit doch die beiden Truppenübungsplätze in den Kreisen Neustettin bzw. Schlochau gemeint. Der Platz *Groß Born* wurde nach der Wiederaufrüstung 1935/1936 erheblich vergrößert, viele Dörfer auf den armen Sandböden ließ man auf und bezog sie in das Übungsgelände ein. Bei Linde und Westfalenhof entstanden zwei riesige Kasernenstädte, in denen zusammen rund 100000 Mann untergebracht werden konnten. Heute dient der Truppenübungsplatz sowjetischen und polnischen Truppen.
Bleiben uns noch die kleinen Städtchen *Bärwalde* und Ratzebuhr, die beide aus Dörfern hervorgegangen sind, was bei Bärwalde noch gut zu erkennen ist. Das Gründungsjahr dieser einstigen adeligen Mediatstadt ist nicht bekannt. Im 16. und 17. Jahrhundert war sie im Besitz der für die Geschichte des Neustettiner Landes so wichtigen „vier Geschlechter" (v. Glasenapp, v. Wolde, v. Zastrow, v. Münchow), die damals die große Pielburger Heide aufsiedelten. 1939 zählte Bärwalde 3009 Einwohner. *Ratzebuhr* entstand 1554 als Amtsdorf durch Herzog Barnim XI. und wurde schon 1592 Marktflecken, schließlich 1754 Stadt. Die Tuchmacherei war damals von großer Bedeutung, bis in den Napoleonischen Kriegen der Ort verarmte. 1818 wanderten allein 33 Familien dieses Berufszweiges nach Kongreßpolen aus. Vor dem Zweiten Weltkrieg lebten hier 2940 Bewohner.

AN KÜDDOW UND DOBRINKA
DIE KREISE SCHLOCHAU UND FLATOW

Wir sind in der nördlichen *Grenzmark,* jener nach dem Ersten Weltkrieg aus den beim Reich verbliebenen Resten der Provinzen Westpreußen und Posen gebildeten Traditionsprovinz, angelangt. Bis 1920 gehörte der nördliche Teil zu Westpreußen, nach 1938 zu Pommern – dreimal innerhalb von 20 Jahren mußten sich die Bewohner dieses Grenzstrichs umgewöhnen – eine nicht ganz leichte Sache, die die Gemüter oft erhitzte. War man nun Westpreuße, Grenzmärker oder Pommer? Es hing meist davon ab, wie alt man war: Die Schul- und Jugendjahre gaben oft den Ausschlag.
Nur wenige Kilometer östlich von Neustettin erreicht man die Küddow, den mit einem Lauf von 105 km zweitlängsten Nebenfluß der Netze. Sie bildete hier und weiter südlich bis 1938 die Grenze Pommerns und trennt das Neustettiner und das Schlochauer Land voneinander. In ihr verlief auch die uralte Scheidelinie zwischen dem westlichen und dem östlichen Pommern, woraus sich später das eigentliche Pommern und Pommerellen entwickeln sollten. Der Kreis Schlochau war einst der südwestlichste Teil dieser seit 1309 zum *Deutschen Ritterorden* gehörenden Landschaft, er ist übrigens der einzige Kreis Deutschlands, dessen Grenzen alle nacheinander einmal *Staats*grenzen waren!
Die von 1309–1466 währende Zugehörigkeit zum Ordensstaat hat diesen Landstrich entscheidend geformt, denn die pommerellische Herrschaft war bis dahin in diesem Gebiet nur sehr blaß und nach dem Aussterben der Danziger Fürsten teilweise in polnische Hände geraten. Der Orden kaufte zudem einige lokale Grundherren aus, so 1312 den Herrn des Schlochauer Landes, den polnischen Grafen Nikolaus von Ponitz. 1313 wurden die Grenzen im Westen und Norden festgelegt. Sie lebten als Kreisgrenzen bis 1945 weitgehend fort; im Süden wurde die *Dobrinka* als Grenze gegen die im 12. Jahrhundert von Polen eroberte Kraina bestimmt.

Übersichtskarte der Kreise Schlochau und Flatow

Der Orden ging bald nach diesem Kauf mit klarem Blick an die Sicherung des neuerworbenen Landes, war es doch ein wichtiges Verbindungsstück zum Reich, denn der *Markgrafenweg* durchzog von der Landecke zwischen Küddow und Dobrinka über Schlochau-Konitz das Land; er wurde in der Folgezeit zur wichtigsten Landverbindung zwischen der Mark Brandenburg und dem Preußenland (die spätere Reichsstraße 1). An diesem Weg erbauten die Ordensritter etwa von 1325 an eine Burg, die zum Sitz eines Komturs und Konvents wurde. 1332 konnte sie bereits bezogen werden, 1365 war sie fertiggestellt. Sie war nach der Marienburg die größte Anlage ihrer Art im Ordensstaat. In ihrem Schutz entstand bald darauf die städtische Siedlung *Schlochau,* die 1348 das überall im Ordenslande geltende Kulmer Stadtrecht erhielt. Schon vorher war als erste Stadt um 1320 *Konitz* angelegt worden. Die Südgrenze gegen Polen hatte eine dritte Stadtgründung, *Preußisch Friedland,* zu schützen. Mit einer starken Stadtmauer versehen, war es 1354 mit Kulmer Recht ausgestattet worden und hat für den Orden etwa 100 Jahre lang bis zu dessen Niedergang Wacht gehalten.

Auch an der Westgrenze gegen Pommern schlugen die Ritter ihre Pflöcke ein. Wir haben schon gesehen, daß die pommerschen Herzöge 1310 mit der Gründung Neustettins und die Camminer Bischöfe 1340 mit der Anlage von Bublitz ihre Ansprüche auf diese westlichen Nachbargebiete abgesteckt hatten. 1342 belehnte der Camminer Bischof einige seiner Dienstleute mit 500 Hufen, die sich bis zur *Zahne* erstreckten, also bis weit ins Ordensland hinein. Doch schon bald darauf zog der Orden nach. Er machte mit der jenseits der großen, noch nicht aufgesiedelten Schlochauer Heide gelegenen Nordwestecke den Anfang und errichtete an einer Furt zwischen Bölzig- und Labes-See ein „Waldhaus", einen Außenposten, dem es aufgetragen war, nicht nur die Waldnutzung zu überwachen, sondern auch das Einsickern feindlicher Truppen zu melden. In seinem Schutz entstand zudem eine kleine Siedlung, die 1382 Stadtrecht erhielt: *Baldenburg.*

Als letzte der fünf ordenszeitlichen Stadtgründungen ist *Hammerstein* zu erwähnen. Auch hier machte ein Wildhaus den Anfang: „Zum Hammersteyn“ wurde es in alten Urkunden genannt. Es hatte einen Übergang über die Zahne, einen linken Nebenfluß der Küddow, zu schützen. Der im Schutze dieses festen Hauses sich rasch entwickelnde Flecken erhielt 1395 vom Hochmeister Konrad von Jungingen in einer Handfeste das kulmische Stadtrecht verliehen. Ursprünglich war an eine Stadtgründung weiter landeinwärts bei *Falkenwalde* gedacht, für die 1363 bereits eine entsprechende Handfeste ausgestellt war; doch Hammersteins Lage erwies sich wohl als günstiger.
In den kriegerischen Auseinandersetzungen des 15. Jahrhunderts hielt die Stadt treu zum Orden, wurde aber doch 1454 von dessen Gegnern eingenommen. An einem Sommertag des Jahres 1455 geschah morgens etwas Merkwürdiges: Zahlreiche Frauen aus der Umgebung, mit Eierkörben in der Hand, begehrten Einlaß in die verschlossene Stadt, viel mehr, als sonst zum Markt kamen, um ihre Waren zu verkaufen. Kaum waren die Tore geöffnet, entpuppten sich die „Frauen“ als handfeste Söldner, die das Städtchen blitzschnell in ihre Gewalt brachten und dem Orden wiedergewannen.
Das Schicksal meinte es nicht gut mit dem Orden. Nach dem Dreizehnjährigen Krieg (1454–1466) bestimmte der Zweite Thorner Friede, daß Pommerellen als „Königliches Preußen“ unter die Oberhoheit der *polnischen* Krone kommen sollte – in Personalunion, mit eigenem Landtag und eigener Verwaltung. 1569 schweißte man die drei Teilreiche in der Lubliner Union zusammen: Litauen und das Königliche Preußen wurden zu polnischen Provinzen degradiert.
Mittlerweile hatte sich Luthers Lehre auch im Schlochauer Land weit verbreitet, im 16. Jahrhundert war es fast völlig evangelisch geworden. Doch die Gegenreaktion folgte bald: 1622 entstand in Konitz eines der ersten Jesuitenkollegien. Glaubenskämpfe wurden immer häufiger – wir haben das bereits in den Landen Lauenburg-Bütow und Tempelburg

Schlochau – Ordensburg (Rekonstruktion)

gesehen und werden noch wiederholt darauf stoßen. Etwa ein Drittel der Bevölkerung konnte für die katholische Kirche zurückgewonnen werden. Dabei spielte der Adel eine nicht unerhebliche Rolle, nachdem er selbst den Weg zum alten Glauben zurückgefunden hatte.
Überhaupt der Adel! Das Schlochauer Land gehörte 1466–1772 zum alten Polen, das man im 17. und 18. Jahrhundert gern auch als *Adelsrepublik* bezeichnete. Man unterschied zwar damals zwischen *Kleinadel* oder auch *Panenadel* (polnisch: Pan = Herr; die Russen gebrauchen den Begriff „pany“ = Herren gern als Schimpfwort gegenüber den Polen, weil sie diese oft in der Geschichte als „Herrenmenschen“ in den weiten Ostgebieten Polens erlebt haben) – im Polnischen wird diese Schicht als „Szlachta“ (vom deutschen Wort „Geschlecht“ abgeleitet) bezeichnet – und den *Magnaten,* den Besitzern großer Herrschaften, die dem Hochadel zuzurechnen sind. In Pommerellen nahm der deutsche Adel in jener Zeit vielfach polnische Namen an, so wurde aus einem

v. Götzendorf ein v. Götzendorf-Grabowski (nach dem polnischen Namen des Gutes Grabau, auf dem der betreffende Junker saß), schließlich fiel oft sogar der deutsche Namensbestandteil weg. Man teilte mit den polnischen Standeskollegen die nahezu unumschränkten Rechte, die den polnischen Adel gegenüber dem deutschen auszeichneten – auf dem polnischen Reichstag besaß jeder adelige Vertreter sogar das Vetorecht („Liberum veto", seit 1652).
Nur schwer konnten sich diese Herren nach 1772 an die neue preußische Ordnung gewöhnen, in der Recht und Gesetz galten und nicht schrankenlose Adelswillkür. Ein von Joeden-Koniecpolski auf Grabau war es, der als erster im Schlochauer Land mit seinen Bauern in Konflikt kam. Diese pochten entschieden auf die Nutzung eines Waldes, den der Gutsherr eingezogen hatte, und strengten 1777 eine Klage an, die erfolgslos blieb: Bei einem Lokaltermin beleidigte der Herr hoch zu Roß seine früheren *Eickfierer* und *Penkuhler* Scharwerksbauern, die ihrerseits die Beherrschung verloren, ihn vom Pferd rissen und verprügelten. Die Folgen waren für sie hart: 56 Personen wurden wegen schwerer Körperverletzung angeklagt und zu insgesamt 98 Jahren Festungshaft verurteilt. Auf den Höfen mußten nun die Frauen ihren Mann stehen. Als 1812 obendrein das Dorf Eickfier völlig abbrannte, verarmte die Einwohnerschaft vollends. Da half es ihnen wenig, daß der Prozeß noch einmal aufgerollt wurde: Den Bauern wurde in bezug auf den Wald recht gegeben, die Gerichtskommission erhielt eine Rüge. Infolge der Armut hatten die Eickfierer begonnen, sich durch Heimarbeit ein „Zubrot" zu verdienen: In Penkuhl wurden „Wurzeln geschraft" und daraus Kiepen „gezäunt" (geflochten), in Eickfier war das „Splißreißen" üblich (Herstellung von Holz-Dachschindeln aus Kiefernkloben).
1920 mußte der Kreis Schlochau, der vor dem Ersten Weltkrieg mit 2139 qkm zu den größten Kreisen Deutschlands gehörte, den überwiegend von Kaschuben besiedelten Nordosten um den Müskendorfer See an Polen abtreten. Auf den verbleibenden 1686 qkm lebten (1939) 55169 ausschließlich deutsche Bewohner. Die Kreisstadt Schlochau zählte damals 6029 Seelen, Hammerstein 4387, Preußisch Friedland 3842, Baldenburg 2292 und das erst 1775 zur Stadt erhobene Landeck, einst das kleinste Städtchen Westpreußens und später Pommerns, nur 1010 Einwohner.
Südlich der Dobrinka erreicht man das *Flatower Land*, ein weithin offenes, flachwelliges Gebiet, dessen deutscher Charakter in Jahrhunderten schwer errungen und bis 1945 wiederholt nicht unbestritten geblieben war, aber gewahrt worden ist. Um 1345 setzten der Orden und Polen die Dobrinka, einen kleinen Nebenfluß der Küddow, als gemeinsame Grenze fest, nachdem Polen die *Kraina* (den Landstrich zwischen diesem Fluß und der Netze) in vielen Kämpfen mit den pommerellischen Fürsten seit dem 12. Jahrhundert behaupten konnte. Es ist demnach altes Grenzland, zu dem das Flatower Gebiet gehört, Grenzmark – darin den verwandten Bezeichnungen der Ukraine, der Uckermark oder auch des Krain im heutigen Jugoslawien ähnlich.
Die deutsche Besiedlung im Mittelalter machte an den Grenzen Pommerns und des Ordensstaates nicht halt und erreichte vereinzelt auch noch den Winkel zwischen Küddow und Dobrinka: So ist vor 1370 *Flatow* als deutsche Stadt nach magdeburgischem Recht entstanden, 1420 folgte das kleinere *Krojanke.* Im 16. Jahrhundert kamen viele deutsche Bauern über die nahe Grenze – aus Pommern und der Neumark – und ließen sich auf den Ländereien polnischer Magnaten nieder, oft als freie Bauern. Sie durften nach ihrem neuen Glauben leben, der Lehre Luthers, die sich gerade in diesem Jahrhundert nach Polen hinein ausbreitete und in ihrer calvinistischen Form unter vielen Adeligen des Landes eine Stütze fand. Sie tolerierten die neuen Einwanderer nicht nur, sondern suchten sie in jeder Weise wirtschaftlich zu fördern, ganz im Gegensatz zu ihren eigenen, katholisch gebliebenen Bauern unter der Führung der polnisch-katholischen Geistlichkeit.
Nach den verheerenden Schwedenkriegen begann sich das

Die Belagerung Flatows 1657 und Lageplan von Draheim (n. Pufendorff)

Blick auf Flatow

Blatt zu wenden. Die katholische Kirche, deren Macht im alten Königreich Polen nie ernsthaft gefährdet war, da die Könige immer dem alten Glauben treu blieben, ging zum Gegenangriff über. Der im 16. Jahrhundert neugegründete Jesuitenorden begann durch die Errichtung erstklassiger Schulen auf den Nachwuchs des protestantischen Adels Einfluß zu nehmen. Es dauerte nur zwei Menschenalter, und die Wirkung der Jesuitenkollegien in Konitz und Deutsch Krone war zu spüren. Im 17. Jahrhundert beschloß der polnische Reichstag mehrfach, daß alle ehemals katholischen und jetzt den protestantischen „Häretikern" gehörenden Gotteshäuser der alten Kirche zurückzugeben seien. Viel Leid hat es damals in weiten Teilen Polens gegeben und damit auch in der alten Grenzmark!

Der Schwedisch-Polnische Erbfolgekrieg 1654–1660 suchte auch das Flatower Land heim. Bei der Beschießung der prächtigen Flatower Burg, die uns Pufendorff in seinem 1688 verfaßten und 1696 in Nürnberg veröffentlichten Prachtwerk über Leben und Taten des schwedischen Königs Karl X. Gustav überliefert hat (s. S. 57), ging diese in Flammen auf und brannte völlig ab. Die Flatower Grundherren – die Grudzinskis – konnten ihre Stammburg nicht in alter Herrlichkeit wiederaufbauen; ihre Reste sind später spurlos verschwunden. Die Schwedenkriege des 17. Jahrhunderts waren für Polen das, was für Deutschland der Dreißigjährige Krieg bedeutete. Das endlose Leid, Verwüstung und Vernichtung haben sich tief in das Geschichtsbild der polnischen Menschen jener Zeit eingegraben, zumal von polnischer Seite der Kampf bewußt unter dem Zeichen der Gegenreformation geführt worden war: Ein gut Teil der polnischen Protestantenfeindlichkeit hat ihre Wurzeln in jener Zeit.

Im 18. Jahrhundert mußten viele evangelische Kirchen niedergerissen werden, oft von den Gläubigen selbst. Ein Beispiel dafür ist das Gotteshaus in *Tarnowke*, das wir auf S. 147 vorstellen. Um so mehr mußte diesen Menschen die preußische Besitznahme im Jahre 1772 als Befreiung erscheinen. Selbst viele Polen haben damals bald erkannt, daß unter dem schwarzen Adler Rechtssicherheit und Gerechtigkeit, wirtschaftlicher Aufschwung und religiöse Toleranz auch ihnen zugute kamen.

1815 wurde das Flatower Land, damals noch mit Zempelburg, Kamin und Vandsburg, ein selbständiger Kreis im westpreußischen Regierungsbezirk Marienwerder. Die beiden großen Adelsherrschaften Flatow und Krojanke waren noch im 18. Jahrhundert in den Besitz der Hohenzollern gekommen, die hier verstärkt in der Mitte des 19. Jahrhunderts zahlreiche Güter mit Bauern aufsiedelten. Im Jahre 1910 zählte der damalige Kreis bei 69186 Einwohnern 26,8 v. H. Polen. Er war mithin ein weitaus überwiegend deutsches Gebiet. Trotzdem wurde er 1919 in Versailles geteilt: Die kleinere Osthälfte um *Zempelburg* mit 611 qkm und 30541 Einwohnern, von denen 70,6 v. H. Deutsche waren, mußte an Polen abgetreten werden. Dieser gerade entstandene Staat, dessen Bevölkerung sich ständig über preußische, österreichische und russische Intoleranz beklagt hatte, erreichte es, daß der Anteil der deutschen Bewohner im Zempelburger Raum bis 1931 auf 37,7 v. H. zurückging!

Ursprünglich sollte nur die Nordwestecke des Kreises beim Reich belassen werden. Es war vorgesehen, die neue deutsch-polnische Grenze etwa 8 km westlich der Ostbahn zu ziehen. Zum Glück kam es anders: Hinter den Kulissen des Versailler Welttheaters wirkten sich die verwandtschaftlichen Beziehungen zwischen dem Besitzer der Herrschaft Flatow-Krojanke, dem Hohenzollernprinzen Friedrich Leopold von Preußen, und dem englischen Königshaus aus: Seine Schwester Ludwike Margarete war die Gemahlin eines Bruders des früheren englischen Königs Eduard VIII. Dies hatte zur Folge, daß die prinzlichen Besitzungen beim Reich verblieben – die neue Grenze fiel im Gebiet des Kujaner Forstes genau mit der Ostgrenze der hohenzollernschen Güter zusammen. Derweil wachte im Westteil des Kreises Flatow, der beim Reich verblieben und nun ein Bestandteil der neuen Grenzmarkprovinz geworden war, der *Buschdorfer* Pfarrer Dr. Domański über seine polnischen Schäfchen. Er, der noch um 1900 durch seine prowilhelminischen Reden aufgefallen war, wurde – nachdem er 1903 die Pfarrstelle in dem damals noch Zakrzewo benannten, überwiegend polnischen Dorf im Kreise Flatow übernommen hatte, zur Seele und bald auch zum anerkannten Führer des „Bundes der Polen in Deutschland". Sein nationalpolitisches Wirken hat damals viel zur Verschärfung des deutsch-polnischen Gegensatzes beigetragen. Nachteilig wirkte sich dabei – wie überhaupt in der Grenzmark – der gemeinsame Besuch der Kirchen durch Deutsche und Polen aus: Da die Polen unter den Katholiken gewöhnlich die Mehrheit stellten, wurde oft ein Pole oder polnisch Gesinnter zum Pfarrer berufen; die deutsche Sprache hingegen blieb meist unberücksichtigt. Polnische Lieder und Predigten besaßen deshalb Vorrang. Mit gutem Gewissen läßt sich jedoch sagen, daß die große Masse beider Völker in Frieden zusammenlebte – bis zum bitteren Ende von 1945. Im Kreis Flatow gab es (1939) 3905 Polen und etwa 1000 Zweisprachige, das sind 12,4 v. H. der Bevölkerung des Kreises (39399 Einwohner).

ZWISCHEN DRAGE, KÜDDOW UND NETZE

DEUTSCH KRONE, SCHNEIDEMÜHL, NETZEKREIS

Das weite Gebiet südlich des Pommerschen Landrückens bis hin zur Netze, zwischen ihren nördlichen Nebenflüssen Drage und Küddow, ist das alte *Land Krone*, das Ende des 13. Jahrhunderts in brandenburgischen Besitz kommt und damit der Neumark angeschlossen wird. Vorher hatte es in lockerer Verbindung zu Polen gestanden, denn der südliche Nachbar war seit dem 10. Jahrhundert immer wieder über die Netzeburgen *Driesen, Filehne, Czarnikau* und *Usch* in das nördlich der Netze gelegene, zu Pommern gehörende Land eingefallen und hatte es allmählich an sich gebracht. Doch dieser waldreiche Grenzstreifen, der in alten Chroniken wiederholt als wüst bezeichnet wird, war zu einem siedlungsleeren Raum geworden, den keiner wirklich „besaß".

Das sollte erst im 14. Jahrhundert anders werden. In den 70 Jahren brandenburgischer Herrschaft von 1298–1368 wurde der Grund zur Besiedlung des Landes durch deutsche Bauern und Bürger gelegt und der deutsche Charakter dieser Landschaft entscheidend geprägt. Den Anfang machte die Erschließung der hochgelegenen Grundmoränenplatte zwischen Deutsch Krone, Schneidemühl und Schloppe. Hier reichen die ersten Anfänge noch in die Mitte des 13. Jahrhunderts zurück, denn 1249 erscheint bereits ein Dorf *Cron* in einer Schenkung an den Templerorden.

Bereits im Jahre 1303 schreitet man bei diesem Dorfe zur Gründung der ersten Stadt: Arneskrone oder auch „die Theutzsche Krone" wurde sie genannt, magdeburgisches Recht in seiner brandenburgischen Form erhielt sie wie schon viele vor ihr in der Neumark. Die geschützte Lage zwischen dem Stadt- oder Großen Radunsee und dem Schloßsee kam ihr sehr zugute, so daß *Deutsch Krone* 1590 um eine Neustadt erweitert werden mußte.

In polnischer Zeit ließen sich – auf dem Höhepunkt der Gegenreformation – hier die Jesuiten nieder und gründeten 1618 eine Residenz (Niederlassung), der sie ein Kolleg angliederten. Sie haben die Bevölkerung der Stadt und ihrer Umgebung, soweit diese es nicht vorzog abzuwandern, allmählich der katholischen Kirche zurückgewonnen. Erst nach dem Übergang an Preußen ließen sich Protestanten zunehmend erneut in Deutsch Krone nieder; ihr Anteil stieg von 20,4 v.H. (1810) auf 42,8 v.H. (1925). Das 1665 gegründete Jesuitenkolleg „Athenäum“ wurde nach der vom Papst 1777 verfügten Auflösung des Ordens 1781 in ein königliches Progymnasium umgewandelt. Fortan entwikkelte sich Deutsch Krone zu einer bedeutenden Schulstadt, zumal noch weitere Anstalten hinzukamen. Einer der bekanntesten Männer, die in dieser Stadt die Schulbank drückten, war der spätere Heidedichter Hermann Löns, der, 1866 in Kulm/Weichsel geboren, hier von 1868–1883 lebte und seine ersten Eindrücke in einer Natur sammelte, die er später in der Lüneburger Heide wiederfand.

Wahrscheinlich im gleichen Jahre wie die Kreisstadt Deutsch Krone erhielt auch *Märkisch Friedland,* vor 1783 meist Neu Friedland oder auch Fredlandeck bzw. Freydland genannt, sein Stadtrecht – nämlich 1303. Überliefert ist uns ein 1314 von den Brüdern Wedel ausgestelltes Stadtprivileg, in dem bereits von „Ratmannen“ die Rede ist. Später gebrauchte die Stadt das „starke brandenburgische Recht“. *Märkisch* nannte sie sich seit dem ausgehenden 18. Jahrhundert zu Recht, nicht zuletzt, weil die 2707 Einwohner (1939) wohl durchweg neumärkischer Herkunft waren.

Vielleicht schon kurz vor 1300 erhielt *Schloppe* städtische Würden; auch hier ist das Gründungsdatum nicht überliefert. 1350 erscheint es erstmals als Stadt. Es ist sicher eine sehr alte, noch aus vorgeschichtlicher Zeit stammende Siedlung, deren zugehörige Burg damals als einer der festesten Plätze des Geschlechts der Czarnkowski galt. 1660 baute man für die katholische Gemeinde am Markt ein schlichtes Holzkirchlein, das bis 1945 erhalten blieb und gegen Ende des Krieges abbrannte – das älteste hölzerne Gotteshaus der nördlichen Grenzmark! Ein Opfer der Flammen wurde auch die reizvolle evangelische Fachwerkkirche aus dem Jahre 1826; nur die nach dem Ersten Weltkrieg errichtete neue katholische Kirche in der damals entstandenen Bahnhofsvorstadt blieb erhalten. Hier entstanden damals auch ein Rathaus und ein großes Schulgebäude; sie sind heute zusammen mit den Wohnungen aus jener Zeit das einzige, was die Brandschatzer von 1945 von Schloppe übriggelassen haben. Der kleine Ort am Desselfließ zählte (1939) 2986 Einwohner, heute sind es etwa 2100 Bewohner.

Tütz war vor 1945 die einzige überwiegend katholische Stadt der nördlichen Grenzmark. Deshalb wurde 1922 im Tützer Schloß die Apostolische Administratur gegründet, die analog zur staatlichen Verwaltung von seiten der katholischen Kirche die beim Reich verbliebenen Reste der Bistümer Gnesen-Posen und Kulm zusammenfaßte und von hier, später von Schneidemühl aus verwaltete. Seit der Reformation bis zum Jahre 1596 war die Stadt rein evangelisch gewesen. Als der Stadtgrundherr Christoph v. Wedell zum katholischen Glauben konvertierte, mußte es die Bevölkerung auch tun. Es entspann sich daraufhin ein elfjähriger Religionsstreit, der mit der Hinrichtung des Bürgermeisters Ulrich und des Ratsherrn Hantschke endete. Lediglich die Einwohner der sogenannten „Viertelstadt“, die dem evangelischen Zweig der Familie gehörte, durften Protestanten bleiben. Nach 1772 besserten sich die Verhältnisse, seit 1792 konnte wieder evangelischer Gottesdienst gehalten werden. 1843 entstand sogar auf dem Markt ein evangelisches Gotteshaus. Der Zweite Weltkrieg brachte an seinem Ende die völlige Vernichtung der kleinen Stadt: Praktisch das gesamte Zentrum mit der evangelischen Kirche und das Schloß wurden zerstört. Bis heute sind nur das katholische Gotteshaus und das Schloß wiederhergestellt worden, der Stadtkern hingegen ist tot, Gras wuchert auf den leeren Straßen.

Im äußersten Nordosten des Kroner Landes liegt *Jastrow,* das bereits 1363 als Dorf erwähnt wird. 1602 erhielt es Stadtrechte, um den Vorposten an der pommerschen Grenze zu sichern. Schon damals waren die Bewohner rein deutsch, nur die Grundherren entstammten dem polnischen Adel. Der Grundriß der (1939) 5891 Einwohner zählenden Stadt ist zwar dörflich geblieben, doch hat die Lage an der Reichsstraße 1 und der 1878 erbauten Eisenbahn nach Schneidemühl Jastrow einen gewissen Aufschwung gebracht.

Die größte Stadt im alten Kroner Land ist die Grenzmark-Hauptstadt *Schneidemühl.* Sie gehörte seit 1825 zur preußischen Provinz Posen und war bis weit ins 19. Jahrhundert hinein ein dürftiges kleines Landstädtchen. Wann es gegründet wurde, ist nicht überliefert – angeblich soll es schon 1380 gewesen sein, doch das erscheint fraglich. Bis zum Jahre 1480 war Schneidemühl im Besitz der polnischen Magnatenfamilie Opalinski, darauf unterstand es bis 1518 unmittelbar dem polnischen König, der dem kleinen Ort 1513 das magdeburgische Stadtrecht verlieh. Die wenige Jahre später erneut einsetzende Adelsherrschaft, diesmal die der im Posenschen sehr einflußreichen Familie Gorka, ließ dem bescheidenen Ackerbürgerstädtchen nur wenig Spielraum, sich zu entfalten. Die Häuser waren aus Holz und Lehmfachwerk erbaut, oft mit Holzschindeln oder gar nur mit Stroh gedeckt, wie damals meist im alten Polen. Häufige Brände, bei denen oft die ganze Stadt vernichtet wurde, waren die Folge. Dies ist einer der Gründe dafür, daß es in den grenzmärkischen Städten so wenig alte Gebäude gibt und die schriftlichen Nachrichten zur Geschichte dieser Gemeinwesen so dürftig sind. Die vielen Kriege des 17. und 18. Jahrhunderts taten ein übriges.

Als mit der Ersten Polnischen Teilung 1772 die seit 1368 andauernde polnische Herrschaft zu Ende ging, wehte ein neuer, frischer Wind ins Land. Schneidemühl gehörte zum Kroner Kreis in dem neuen *Netzedistrikt,* der von Bromberg aus verwaltet und Westpreußen angeschlossen wurde. Fried-

Übersichtskarte des Kreises Deutsch Krone, der Stadt Schneidemühl und des Netzekreises

rich der Große ließ bereits 1773 mit dem Bau des Bromberger Kanals beginnen, wodurch zugleich mit der Urbarmachung des versumpften Netzebruchs eine wichtige landeskulturelle Maßnahme eingeleitet wurde.

Doch Schneidemühls große Zeit sollte noch einige Jahrzehnte auf sich warten lassen. Erst 1851 erwachte es aus seinem Dornröschenschlaf, nachdem noch einmal 1834 der Rote Hahn die Stadt an den Rand ihrer Existenz gebracht hatte: Der erste Abschnitt der „Königlich Preußischen Ostbahn" wurde eröffnet! Damit war die weitere Zukunft dieses Ackerbürgerstädtchens, das 1815 noch nicht einmal für würdig befunden wurde, in der neugeschaffenen Provinz Posen Kreisstadt zu werden, vorgezeichnet. Die Ostbahn, diese wichtigste Bahnverbindung des deutschen Nordostens, hatte in Kreuz Anschluß an die 1848 fertiggestellte Stargard-Posener Bahn, mit der man via Stettin nach Berlin fahren konnte. 1852 fuhren die Züge bereits über Bromberg bis Dirschau durch, 1857 war die durchgehende Verbindung bis Königsberg fertig, und bereits 1860 hatte der Schienenstrang die russische Grenze bei Eydtkuhnen erreicht. Schneidemühls große Zeit als Eisenbahnknotenpunkt begann 1870/1873, als die Ostbahnverkürzung über Flatow–Konitz fertiggestellt wurde; wenige Jahre später folgte die Nordsüd-Verbindung Posen–Belgard (1877/1878), die Bahnen nach Deutsch Krone (1881) und Usch (1907) rundeten das Verkehrsnetz ab. Als noch ein Ausbesserungswerk an dieser wichtigen „Drehscheibe“ eröffnet wurde, konnte man getrost von der Eisenbahnerstadt Schneidemühl sprechen. Die Bevölkerung wuchs rasch an, 1910 hatte sie die 25 000-Einwohner-Marke erreicht.

Doch die Geschichte hatte noch einiges mit Schneidemühl vor: Nach dem Ende des für Deutschland unglücklich verlaufenen Ersten Weltkrieges mußte die Stadt sehr um ihr Schicksal bangen. Der Versailler Vertrag sah ursprünglich die Abtretung der Stadt und des größten Teiles der späteren Grenzmark an Polen vor – trotz ihres rein deutschen Charakters. „Wir sind deutsch und wollen deutsch bleiben!“ war daher die Losung der großen Demonstration, die die Schneidemühler am 3.6.1919 in Anwesenheit ausländischer Beobachter veranstalteten. Das blieb nicht ohne Wirkung: Die Stadt und die vorgenannten Grenzmarkgebiete blieben beim Reich.

In der verbleibenden Frist von der Unterzeichnung des Versailler Friedensvertrages (28.6.1919) bis zu seinem Inkrafttreten (10.1.1920) ordnete der preußische Innenminister die Verlegung der Bromberger Regierung nach Schneidemühl an, für viele Beamte wurde diese Stadt nun eine neue Heimat. Sogar Friedrich der Große zog mit um: Sein Denkmal in Bromberg überließ man 1920 nicht den Polen, sondern nahm es mit und stellte es in Schneidemühl an der Küddow wieder auf. Als 1922 entschieden wurde, die 1920 zu einem Regierungsbezirk zusammengefaßten westlichen Restgebiete der verlorenen Provinzen Posen und Westpreußen zu einer selbständigen Provinz „Grenzmark Posen-Westpreußen“ zu erheben, wurde Schneidemühl auch Provinzhauptstadt. Der frühere Bromberger Regierungspräsident v. Bülow übernahm das Amt des Oberpräsidenten.

Doch Schneidemühl mußte erst zu einer „Hauptstadt“ gemacht werden. Die preußische Staatsregierung förderte in einer Art Notstandsprogramm die Grenzmark und ihren Verwaltungssitz in jeder Hinsicht. Am früheren Pferdemarkt wurden große Behördenbauten errichtet, das *Treudankhaus* – ein kombinierter Museums- und Theaterkomplex, mit dem sich das Reich für die 1919/1920 gezeigte Treue der grenzmärkischen Bevölkerung bedankte – schloß den nun so benannten „Danziger Platz“ nach Osten ab. Schneidemühl hatte seinen neuen Platz unter den ostdeutschen Städten erhalten, und das um so mehr, als 1922 auch beide Kirchen in dieser Stadt ihre Verwaltungen einrichteten. Dabei blieb es, als 1938 die Grenzmark aufgelöst und größtenteils Pommern zugelegt wurde: Schneidemühl war weiterhin Sitz eines – nunmehr abgerundeten – Regierungsbezirks, der auch innerhalb Pommerns den Traditionsnamen „Grenzmark Posen-Westpreußen“ weiterführte.

Das Ende im Jahre 1945 war bitter. Die Stadt wurde in schweren Kämpfen weitgehend zerstört, die alte Bedeutung als Eisenbahnknoten war seit der Ziehung der Oder-Neiße-Linie geschwunden. Die Polen hatten nach der vollständigen Vertreibung der (1939) 45 791 Einwohner 30 Jahre lang keine übergeordneten Verwaltungsstellen eingerichtet, erst 1975 konnte die Stadt an ihre einstige Rolle anknüpfen, als sie zum Sitz einer das mittlere Netzegebiet umfassenden Wojewod-

schaft bestimmt wurde. Seitdem ist der Wiederaufbau stärker in Gang gekommen, doch in weitläufiger, den einstigen deutschen Charakter der Stadt verwischender Form.
Es ist Nachmittag, einer der letzten heißen Sommertage des Jahres 1944. Wir stehen auf dem Bahnsteig 1 des Schneidemühler Bahnhofes, auf der Südseite, wo der Zug nach Berlin eingesetzt wird. Es ist ein Personenzug mit den typisch preußischen dreiachsigen Wagen, bei denen jedes Abteil eine eigene Tür auf jeder Seite hat. „Auf Bahnsteig 1 wird der Personenzug nach Berlin über Kreuz–Landsberg/Warthe–Küstrin–Berlin Schlesischer Bahnhof bereitgestellt. Planmäßige Abfahrt 16.20 Uhr." Du liebe Güte, wann der wohl am Ziel ist? Er wird erst am nächsten Tag um 0.26 Uhr in Berlin sein. So weit wollen wir nicht fahren. *Kreuz* ist unser Ziel, vorher wollen wir die Fahrt in Schönlanke unterbrechen.
Langsam setzt sich der Zug in Bewegung. Immer schneller kommt das Sch-sch-sch der fauchenden Lokomotive. Nach einigen hundert Metern tauchen auf der linken Seite die Anlagen des Reichsbahnausbesserungswerks von Schneidemühl auf, um schließlich dem Wald Platz zu machen, der uns bald völlig umfangen wird. Eintönig tönt das Rat-tat-tat der Schienenstöße. Es ist Krieg, und seit Jahren ist nur das Notwendigste ausgebessert worden; daher fährt der Zug langsam. Nach 14 Minuten quietschen die Bremsen: „Stöwen (Netzekreis)" steht in großen Lettern am Bahnhofsgebäude. Der *Netzekreis!* Ach ja, das ist jene Landschaft entlang der Netze zwischen Drage und Küddow, die erst verhältnismäßig spät ins Licht der Geschichte getreten ist. Nur wenige Dörfer gibt es hier, die älter als 500 Jahre sind. Behle ist eines von ihnen, bereits 1245 urkundlich genannt. Die 1851 fertiggestellte Ostbahn läßt es links liegen. 16.53 Uhr hält der Zug in Schönlanke. Verweilen wir ein wenig in dieser Stadt, die erst im 20. Jahrhundert zur Ehre einer Kreisstadt kam.
Der Netzekreis verdankt seine Entstehung der Grenzziehung durch den Versailler Vertrag. Als im Sommer 1919 feststand, daß die neue Reichsgrenze in der Netze verlaufen würde, mußten Maßnahmen getroffen werden, die nördlich dieses Flusses beim Reich verbleibenden Reste der posenschen Kreise *Filehne, Czarnikau* und *Kolmar* zusammenzufassen. Alle drei Kreisstädte fielen an Polen, nur unbedeutende Vororte von Filehne und Czarnikau kamen nördlich der Reichsgrenze zu liegen. So schloß man diese „Kreistrümmer" zusammen und gab dem neuen Gebilde den durchaus treffenden Namen „Netzekreis". Zum Sitz der Kreisverwaltung wurde Schönlanke bestimmt.

Schneidemühl – Kath. und evang. Kirche

Vorlaubenhaus in Follstein

Die Geschichte der Stadt ist typisch für die Gegend, die vor 1772 zum alten Königreich Polen gehörte. Als herrschaftliches Vorwerk und Dorf wird der Ort 1565 erstmals genannt. Er gehörte zur Grundherrschaft Czarnikau-Behle der Magnatenfamilie Poniatowski, die der preußische König nach mehrfachem Besitzerwechsel und Teilungen 1789 erwarb. Um 1580 ist Schönlanke als Kirchdorf, 1671 als Marktflecken mit Handwerkersiedlung neben dem eigentlichen Dorf bezeugt. 1679 wird es zwar schon als „Städtchen" bezeichnet, erhält aber erst 1731 formal Stadtrechte, also einige Jahre früher als die 1764 angelegte adelige Gründung Radolin in der Nähe. Erst der Bau der *Ostbahn,* die Schönlanke berührt, entscheidet den Aufschwung Schönlankes; Radolin verliert 1857 seine Stadtrechte und sinkt zum Dorf herab. Die Bewohner beider Orte – wie der ganzen Gegend – waren samt und sonders Deutsche, wegen ihrer Genügsamkeit und ihres Fleißes von den polnischen Grundherren vom 16. bis zum 18. Jahrhundert herbeigerufen, um die sandig-sumpfigen Striche zu besiedeln. In der waldreichen Landschaft legten sie zahlreiche Dörfer an, besonders am Rande des Netzebruchs: Ehrbardorf, Follstein, Neuhöfen und andere Ortschaften entstanden damals.

Nach sieben Kilometern erreichen wir Stieglitz. Der Zug fährt wieder durch Wald. Ascherbude – der Name erinnert an Kohlenmeilerei. Rostbraun leuchten die hohen Kiefernstangen in der Abendsonne – der aus Bromberg stammende Maler Walter Leistikow hat sie in der Mark Brandenburg immer wieder gesucht – diese melancholischen grenzmärkischen Kiefern auf dem dürren Heidesand. Filehne Nord – der Zug hält in dem 1920 beim Reich verbliebenen Bahnhofsvorort der kleinen ehemaligen Kreisstadt südlich der Netze. Zusammen mit dem ansehnlichen Schloß der einstigen *Herrschaft Filehne,* der riesige Waldungen im Winkel von Drage und Netze gehörten, mußte „Deutsch Filehne" von 1920 an eine eigene Gemeinde bilden, die viele Flüchtlinge von jenseits des Flusses aufzunehmen hatte. Die Grenzlandnot – hier wurde sie zuerst erlebt – des „Zonenrandgebietes" von damals.

Um 17.40 Uhr läuft unser Zug in Kreuz ein, die Reise ist vorerst zu Ende. Einen erstaunlich großen Bahnhof finden wir vor, obwohl wir eine Stadt mit diesem Namen eigentlich nicht kennen. Es ist die jüngste ihrer Art in Pommern: Erst 1936 erhielt die damalige Landgemeinde *Lukatz-Kreuz* Stadtrechte und die neue Ortsbezeichnung „Kreuz (Ostbahn)". Alles ist hier auf den Bahnhof ausgerichtet, der schon 1848 im Zuge der Errichtung der Stargard-Posener Eisenbahn als Abzweigstation für die geplante Ostbahn nach Schneidemühl–Bromberg erbaut wurde und erst „Dragemünde" heißen sollte, dann aber schlicht „Kreuz" benannt wurde. 1857 wurde der westliche Abschnitt der Ostbahn in Richtung Küstrin fertiggestellt. Im Laufe der Zeit bildete sich eine Bahnhofsvorstadt, die mit dem Dorfe Lukatz zusammenwuchs und (1939) 4956 Einwohner zählte. 1920–1939 war Kreuz für die nach Posen weiterführende Strecke Grenzstation. Daß es auch einen Hafen an der schiffbaren Netze, Sägewerke und eine holzverarbeitende Industrie besaß, versteht sich bei der Lage dieses Ortes von selbst.

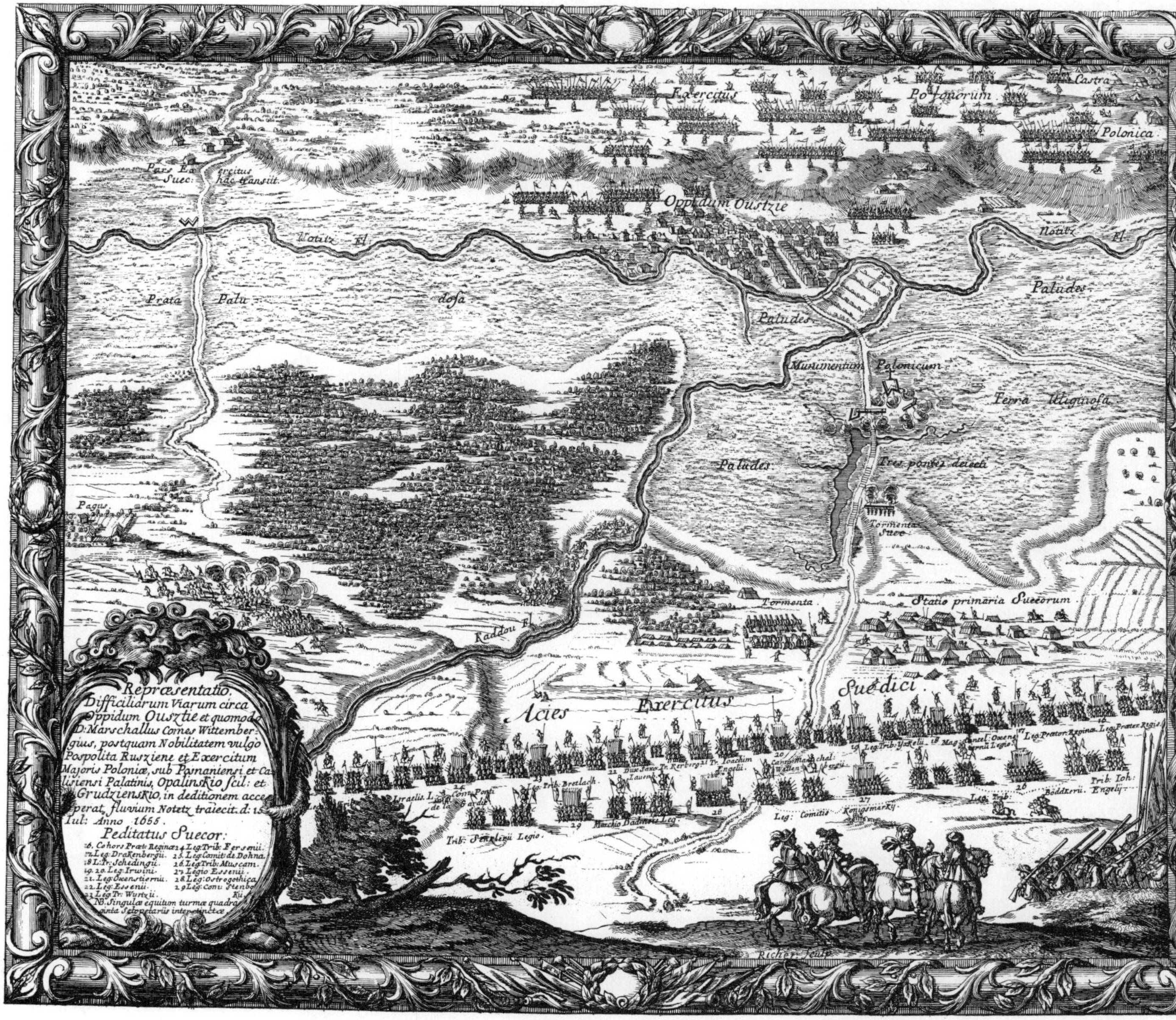

Übergang der Schweden über die Netze 1655 (n. Pufendorff, 1696)

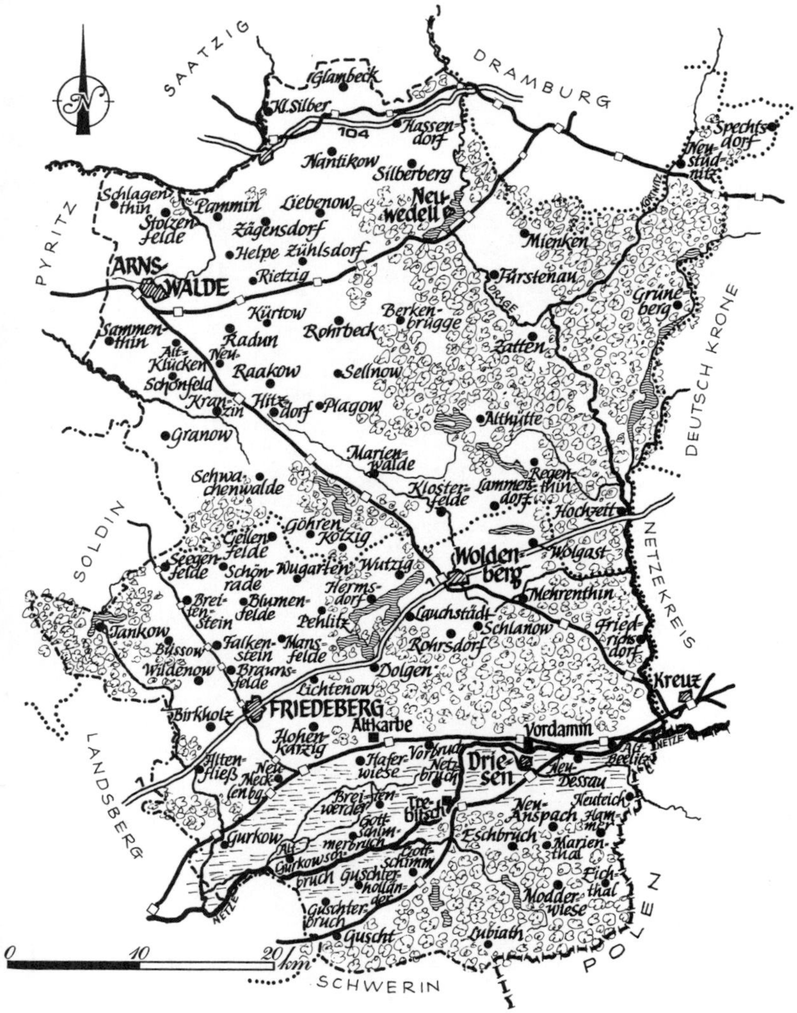

Übersichtskarte der Kreise Arnswalde und Friedeberg

IN DER HINTEREN NEUMARK
DIE KREISE ARNSWALDE UND FRIEDEBERG

Früher rechnete man das Arnswalder und Friedeberger Land zu den sogenannten *Hinterkreisen* der *Neumark,* zu denen bis 1815 auch die Kreise Dramburg und Schivelbein gehörten. Damit war seit der Gebietsreform von 1938 die ganze hintere Neumark ein Teil Pommerns geworden, sehr zum Verdruß mancher Neumärker, die sich als echte Brandenburger fühlten, gehörte doch ihre Heimatlandschaft seit 1230 zur Mark.

Der Kreis *Arnswalde* umfaßte 1939 ein Gebiet von 1265 qkm und zählte 45 410 Einwohner; bis zum Jahre 1815 griff er sogar noch weiter nach Norden aus bis nach Nörenberg, dessen Gebiet lange zwischen den Pommernherzögen und den Markgrafen strittig und erst 1564 endgültig an Brandenburg gefallen war. Nach den Befreiungskriegen wurde es mit dem pommerschen Kreis Saatzig vereinigt. Das zwischen der oberen Ihna und der Drage bzw. dem Plötzenfließ sich erstreckende Kreisgebiet reicht schon in die *Pommersche Seenplatte* hinein, die wir mit den Kreisen Dramburg und Neustettin kennengelernt haben. Riesige Waldungen bedekken einen großen Teil des Landes (38 v. H. der Kreisfläche); sie liegen vorwiegend auf den Sandern zu beiden Seiten der Drage, östlich des den Kreis in NO-SW-Richtung durchziehenden *Pommerschen Landrückens.*

Dieser 165 km lange, nahe dem Dratzig-See in der Pommerschen Seenplatte entspringende Fluß mit seiner verhältnismäßig starken Strömung war zwar für die Schiffahrt nicht geeignet, trug jedoch viele Holzflöße zu Tal. Seit 1368 bildete er in seinem Mittel- und Unterlauf gegen das davor noch brandenburgische, darauf bis 1772 zu Polen gehörige Land Krone die Grenze. Bis zur Reformation stellte er auch die Scheidelinie zwischen dem pommerschen Bistum Cammin, zu dem die Neumark weitgehend gehörte, und der polnischen Diözese Posen dar und markierte damit die politischen Zustände, wie sie um 1200 bestanden haben mögen.

Wie die ganze hintere Neumark ist auch der Kreis Arnswalde ein in der Geschichte oft umkämpftes Grenzland zwischen Pommern und Polen gewesen. Dieses hatte sich im 12. und zu Beginn des 13. Jahrhunderts wiederholt in die waldreichen Gebiete auf der Südabdachung des Pommerschen Landrükkens vorgewagt. Da es seine Eroberungen weder durch eine wirksame Besiedlung noch durch Christianisierungsversuche behaupten konnte, galt hier nur die Regel: Wer sitzt, besitzt auch. Erst im 13. Jahrhundert sollte sich dies ändern, als zu den beiden alten Rivalen, von denen der eine – Pommern –

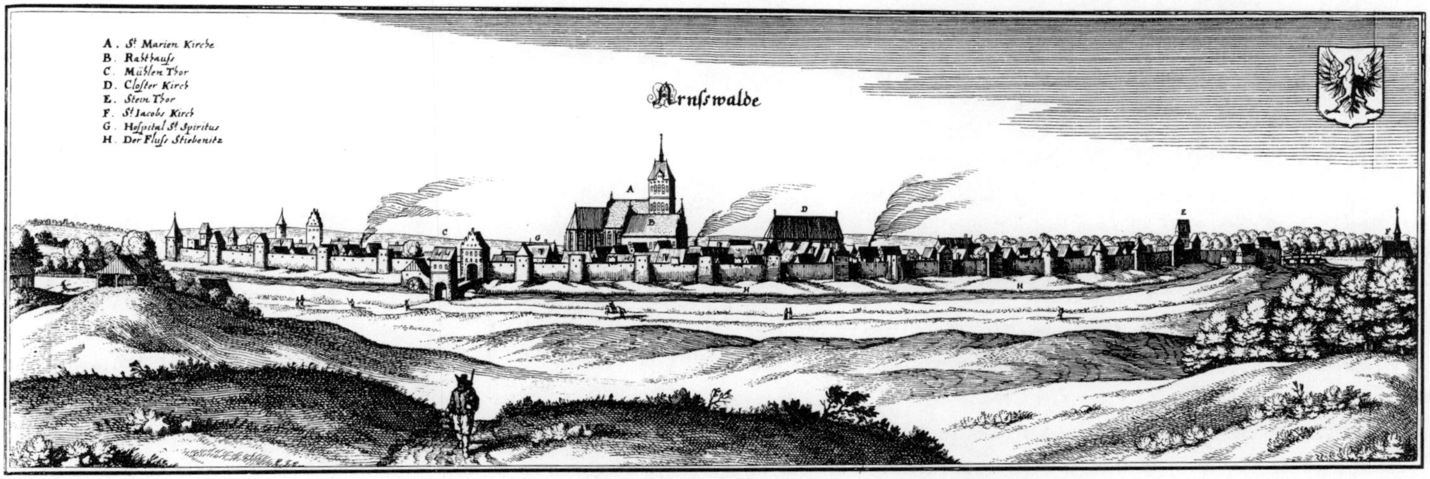

Arnswalde – Panorama-Ansicht von Merian (1652)

seit 1181 ein Teil des deutschen Staatsverbandes geworden war, eine dritte Macht auf den Plan trat: die uns bereits bekannten tatkräftigen Markgrafen Brandenburgs aus askanischem Hause.

Vorher hatte schon die Kirche im Lande zwischen Drage und Ihna durch größere Schenkungen Fuß gefaßt, die ihr von den polnischen Teilfürsten Großpolens gemacht wurden, da sie in der ersten Hälfte des 13. Jahrhunderts über diesen Raum geboten. 1233 erhielt das 1173 gegründete pommersche Zisterzienserkloster *Kolbatz* Treben und Dobberphul, den Johannitern schenkte der Polenherzog das Gebiet um *Kürtow*. Diese geistlichen Mächte gingen daran, ihre Besitzungen auszubauen, zogen deutsche Bauern ins Land und legten so den Grundstein zur deutschen Besiedlung.

Das Jahr 1269 brachte die Askanier ins Arnswalder Gebiet: Sie hatten sich in den Streit eingeschaltet, der zwischen den Kolbatzer Mönchen und dem sie stützenden Pommernherzog einerseits und den Johannitern auf Kürtow andererseits ausgebrochen war. Sie nahmen den festen Platz *Arnswalde* in ihren Besitz und behaupteten ihn, ihren ersten Stützpunkt in der Hinteren Neumark. Mit den Johannitern und Nonnen von Owinsk einigten sie sich über die Abtretung von deren Besitzungen an die Markgrafen, die so um 1270 den Raum zwischen oberer Ihna und Drage fest in der Hand hatten.

Bald nach 1272 gründete der pommersche Herzog Barnim I. in *Reetz* ein Zisterziensernonnenkloster als Sühne für seine Übergriffe im Johanniterstreit. Auch die Askanier sahen sich zu einer Klostergründung veranlaßt: 1286 schenkten sie 500 Hufen an Kolbatzer Mönche, die bei *Marienwalde* ein Tochterkloster der pommerschen Abtei gründeten, das in der Folgezeit die meisten Dörfer im Süden des Arnswalder Kreises an sich brachte.

Als dritte Kraft wäre der Adel zu nennen, der in der Neumark eine starke kolonisatorische Tätigkeit entfaltete. Neben den v. Güntersberg und v. Alvensleben waren es die uns schon bekannten v. Wedel, die, aus Holstein stammend, in Pommern eingewandert waren, wo sie wohl bei Altenwedel jenseits der Ihna ihre erste Stammburg erbaut hatten, aber mit Macht in die Neumark drängten und sich hier entfalteten. Um 1300 haben sie mit dem Bau ihrer eigentlichen Stammburg begonnen, *Neuwedell* an der Drage – ein Schloß, dem eine wichtige Sicherungsfunktion gegenüber Polen zugedacht war, ähnlich wie in Reetz, wo sie von 1370 an saßen. Im Südosten hatten sie die einstige Burg der Templer bei Hochzeit übernommen und bei Hassendorf schon 1337 Fuß gefaßt. Es ist kein Zufall, daß sich an den drei strategisch wichtigsten Punkten, in Arnswalde, Reetz und Neuwedell, städtische Siedlungen entwickelten.

Arnswalde ist vermutlich die älteste Stadt im Kreis. Anfangs war es wohl nur ein fester Platz, als 1269 hier sogar Herzog Mestwin II. von Pommerellen den Askaniern huldigte. Erst nach dem Frieden mit Pommern (1284) wird die Stadtgründung erfolgt sein; jedenfalls ist Arnswalde 1289 als civitas bezeugt. In der Zeit der französischen Fremdherrschaft nach 1806 brachten es die Arnswalder fertig, einen französischen General, der sich auf der Durchreise in ihrer Stadt aufhielt, festzunehmen und nach Kolberg zu schaffen; später wurde dieser General Victor gegen den Generalleutnant Blücher, den späteren „Marschall Vorwärts", ausgetauscht.

Auch im Zweiten Weltkrieg zeigte sich der Heldenmut der Arnswalder: Am 18. 2. 1945, einem Sonntag, führte um 2.00 Uhr morgens der Arnswalder Superintendent Gramlow 7000 (der 1939: 13960) Arnswalder aus der von der Roten Armee seit 16 Tagen eingeschlossenen Stadt durch einen sogenannten Panzerschlauch, den deutsche Einheiten freigekämpft hatten. Ein wahrer Hirte, der sich seiner Herde annahm, in der schwersten Schicksalsstunde dieser Stadt. Arnswalde wurde in diesen Tagen zu 85 v. H. zerstört, die Narben der ehrwürdigen Marienkirche auf dem Markt zeugen davon.

Das Städtchen *Reetz* entstand in der Nähe einer 1269 erstmals bezeugten Burg, die bereits 1296 verfallen war; hier war schon 1284 ein Zisterziensernonnenkloster gegründet worden. Der erstmals 1296 als Stadt bezeugte Ort war jahrhundertelang eine Mediatstadt der Familie von Wedel; sie sicherte in beherrschender Lage auf einem Bergrücken im Ihnatal die Grenze zu Pommern. Hier stand die Wiege des Verfassers der pommerschen Kirchenchronik, Daniel Cramer (1568–1637). Der letzte Krieg hat Reetz hart mitgenommen, große Teile des Zentrums gingen in Flammen auf, so daß nur die massiven Steinbauten aus alter Zeit das Inferno einigermaßen überstanden. 1939 bot das Städtchen 3648 Menschen ein Zuhause.

Von Neuwedell hörten wir schon; sein schönes Schloß wurde im Siebenjährigen Krieg fast völlig zerstört. Wie es aussah, wissen wir nur durch die Ansicht von Merian. Seine geschichtliche Aufgabe, die Dragelinie zu sichern, hatte es ohnehin 1772 erfüllt; daher wurde es nicht wiederaufgebaut. 1939 zählte das kleine Landstädtchen 2711 Einwohner.

Der 1102 qkm große *Kreis Friedeberg* mit seinen (1939) 52499 Einwohnern war in langen Jahrhunderten ein abgelegener Außenposten Brandenburgs. Nachdem Markgraf Otto der Faule 1368 das Kroner Land an Polen abgetreten hatte, nannte man ihn bis 1772 den „Polnischen Winkel", seiner exponierten Lage wegen, obwohl die Bevölkerung sogar noch jenseits der Grenze deutsch war.

Die Kreisstadt *Friedeberg* ist der Mittelpunkt des westlichen Teiles der neumärkischen Moränenhochfläche im Kreise. Nachdem Markgraf Konrad 1260 bei seiner Heirat mit einer polnischen Prinzessin die Kastellanei Zantoch als Hochzeitsgabe erhalten hatte, legte er in diesem Raum am Übergang der schon erwähnten alten Straße, des späteren „Markgrafenweges", über eine Senke zwischen zwei Seen in geschützter Lage eine Burg an. Bei einem Einfall der Polen wurde sie 1272 zerstört, aber sofort wieder aufgebaut und durch eine Stadtgründung ergänzt, die in ihrer Form aus dem Bilderbuch stammen könnte.

Friedeberg bietet das Idealschema einer ostdeutschen Stadtanlage mit kreisrunder Stadtmauer und Schachbrettgrundriß, die Durchgangsstraße (der Markgrafenweg) bildet hier die Achse, die sogenannte „Richtstraße". Wie die Namen der Dörfer aus der Umgebung zeigen, kamen die Siedler wohl aus dem östlichen Harzvorland und von der unteren Saale, vielleicht gab das Geschlecht der im Saalkreis ansässigen v.

Reetz/Nm. – Panorama-Ansicht von Merian (1652)

Friedeberg der Stadt ihren Namen. 1939 zählte das rege Kleinstädtchen 5918 Einwohner.

Da ist noch *Woldenberg,* einst Waldinborg geheißen und schon 1305 als Stadt bezeugt. 1847 erhielt es zusammen mit Arnswalde über die Stargard-Posener Bahn als erste Stadt Eisenbahnanschluß in der Neumark. Da sage noch einer, die Menschen hier lebten hinter dem Mond! Hamburg ist mit Berlin auch erst 1846 verbunden worden, und Bremen mit Hannover 1847! Vor dem Kriege lebten hier 5334 Einwohner, die als Handwerker und Ackerbürger ihr Auskommen fanden, und das nicht schlecht; denn von den drei Städten im Kreis ist Woldenberg nach 1800 am stärksten gewachsen.

Verlassen wir diese Städte und die sie umgebende neumärkische Hochfläche und steigen wir ins *Netzebruch* hinab. In ihm liegt die Paßstadt *Driesen,* einer der historisch interessantesten Orte der Neumark, den wir etwas genauer kennenlernen wollen. Will man seine Geschichte verstehen, muß man die geographische Lage erfassen: Bei Driesen reicht von Süden her das große Talsandgebiet zwischen unterer Netze und Warthe weit ins Netzebruch hinein und bildet gewissermaßen einen flachen Sporn, der zusammen mit dem Schwemmfächer von Vordamm eine natürliche, verhältnismäßig trockene und passierbare Schwelle darstellt.

Die derart von der Natur vorgegebene Situation einer natürli-

Friedeberg – Panorama-Ansicht von Merian (1652)

chen Furt durch das Netzebruch wurde schon in ur- und frühgeschichtlicher Zeit vom Menschen genutzt: Wir haben es hier mit einem der wenigen alten *Netzeübergänge* zu tun, der bereits zu Beginn der geschichtlichen Zeit dieses Raumes, im 11. Jahrhundert, heftig umkämpft war; damals bildete diese weithin ungangbare Sumpfwildnis den Grenzsaum zwischen den Polen und Pomoranen.

So ist es nicht verwunderlich, daß uns Driesen bereits früh in der Geschichte begegnet: Schon 1092 wird hier ein castrum Drzn erwähnt, das wohl von den Polen während der Kämpfe gegen die Pomoranen angelegt worden ist. Es sicherte den alten, von Meseritz kommenden Weg und dessen Übergang über die Netze. 1251 sehen wir Driesen im Besitz des pommerschen Herzogs Barnim I., es fällt jedoch schon 1260 mit der Kastellanei Zantoch an Brandenburg.

Die Driesener Burg lag nördlich der Altstadt auf einer Anhöhe südlich der Faulen Netze. Zugeordnet war ihr der *Kietz,* eine Siedlung, in der slawische Fischer angesetzt wurden, die auf der Burg Dienste zu verrichten hatten. Dieser Kietz, unweit des Wassers gelegen und aus einer einzigen, beidseitig mit kleinen Giebelhäusern bebauten Straße bestehend, ist der östlichste seiner Art in der Mark Brandenburg, in der dieser Siedlungstyp im 12.–13. Jahrhundert weite Verbreitung erlangte.

Doch die Erfahrung, wie gefährdet dieser Winkel durch Poleneinfälle war (die polnische Grenze lag nur etwa 9 bzw. 15 km östlich und südlich entfernt), veranlaßte die brandenburgischen Markgrafen bald nach der Rückeroberung der Burg (1296), bei diesem vorgeschobenen Posten eine Stadt anzulegen. Wann sie Stadtrecht erhielt, ist nicht überliefert. Es wird wohl noch vor 1309 gewesen sein, denn schon 1317 wird sie erwähnt, als „Haus und Stadt" den Rittern v. d. Osten zum Lehen gegeben wurden.

Die *Altstadt* war nicht durch Mauern gesichert, da die

Insellage zwischen Alter und Fauler Netze genügend Schutz bot; lediglich drei Tore kontrollierten den Zugang: das Deutsche, das Polnische und das Holm-Tor.
Die dritte Siedlungszelle der Stadt ist die von Kurfürst Joachim Friedrich 1602/1603 auf der Gruse östlich der Stadt angelegte *Festung*. Sie löste die alte, schon weitgehend zerstörte und nicht mehr verwendbare Burg ab und wurde den damaligen festungsbautechnischen Erfordernissen gemäß als regelmäßiger fünfzackiger, von Bastionen bewehrter Stern angelegt, den man mit einem breiten Wassergraben umgab.
Im Zuge des friderizianischen Retablissements in der Mitte des 18. Jahrhunderts wurden auch in der Umgebung von Driesen im Netzebruch auf landesherrlichem und auf städtischem Grund zahlreiche neue Dörfer angelegt: Neu Mecklenburg, Neu Ulm und Neu Anspach; die Namen der Orte weisen vielfach auf die Herkunft der Neusiedler hin, die nicht nur hier vielfach aus dem durch Realteilung beengten süddeutschen Raum zuwanderten. Brenckenhoff war, wie später im oberen Netzebruch, auch hier der geniale ausführende Kopf dieses großen Kolonisationswerkes. Er legte in Driesen zwischen Altstadt und Festung die *Neustadt* an, in regelmäßiger Gitterform mit einem großen Marktplatz in der Mitte.
Die Driesener lebten in jener Zeit vom Tuchhandel, und das nicht schlecht. Als im 19. Jahrhundert der russische Absatzmarkt verlorenging, mußten sie allerdings neue Erwerbszweige entwickeln: Eisengießerei, Steingut- und Zündholzfabriken, Sägewerke und reger Holzhandel boten einen bescheidenen Wohlstand, besonders nachdem 1857 die Ostbahn erbaut worden war.
Die Einwohnerzahl Driesens stieg daraufhin bis 1905 auf 6359 Seelen an, um nach dem Ersten Weltkrieg, als die Grenzziehung die Stadt um ihre Absatzgebiete in der früheren Provinz Posen brachte, auf 5674 (1939) zurückzufallen. Dafür entwickelte sich das an der Ostbahn liegende Vordamm (1939: 1918 Einwohner) immer mehr zum Industrie- und Bahnhofsvorort Driesens.

BILDERVERZEICHNIS

BILDNACHWEIS

H. Clausen: 110, 125–127, 130–132, 137–140, 142–148, 153, 157, 158, 163, 166, 168; K. Jerger: Titelbild, 73, 77, 79–87, 89, 91–93, 96, 97, 99, 103–107, 111–115, 120–124, 128, 129, 133, 135, 141, 152, 159, 167; W. Lambert: 74, 76, 78, 88, 98, 100, 102, 108, 109, 116, 118, 119, 134, 136, 154–156, 160 – 162, 164, 165; OEP: 75, 94, 117, 149–151; M. Vollack: 90, 95, 101.

ZEICHNUNGEN

Döring: Landkarte Vorsatz, Wappen auf Vor- und Nachsatz, 14, 19, 23, 29, 34, 40, 42, 47, 54, 61, 66; Koglin: 15, 17, 24 li, 26, 33 li, 39, 63; Verlagsarchiv: alle übrigen Vorlagen.

73 Sonne, Sommer, Strand und Sand, Wasser, Wellen, Wald und Luft – so lauten die Stichworte, die früher wohl in den Werbeprospekten aller pommerschen Ostseebäder vorkamen. Ja, es stimmt: Pommern ist ein „Land am Meere“ – wie sein Name übersetzt lautet – ein „Küstenland“. Wo gab es das sonst in Deutschland: 300 Kilometer geradlinige Küste, garantiert mit Strand, in malerischem Wechsel von Steil- und Flachküste, oft mit Wald auf küstennahen Dünen und – Ruhe, ja Einsamkeit, denn die pommerschen Ostseebäder waren vor dem Krieg noch nicht überlaufen. Zwischen ihnen liegt viel Sand, Strand und Weite – wie hier bei HOFF (Kr. Greifenberg), wo auch die einsame Kirchenruine steht, die nun schon seit mehr als 100 Jahren auf ihr Ende wartet (siehe auch das Bild auf dem Deckel dieses Buches).

74 Der Marktplatz von TREPTOW/Rega gehört heute zu den wenigen seiner Art, die noch die mittelalterliche Geschlossenheit zeigen – mit den kleinen, schmalgiebligen Bürgerhäusern, dem auf dem Platz stehenden, im Kern mittelalterlichen *Rathaus,* das man 1701 erneuert hat, und schließlich der abseits vom lauten, diesseitigen Marktgeschehen aus dem Hintergrund alles überragenden, spätgotischen *Marienkirche* mit ihrem 90 Meter hohen Turm. Das schon im Jahre 1180 als Burgflecken erwähnte Treptow erhielt 1277 lübisches Stadtrecht und gehörte im Mittelalter dem Bund der Hanse an.

75 GREIFENBERG erscheint als „nova civitas super Regam“ erstmals 1262 urkundlich, der Name dieser wohl erst kurz zuvor gegründeten „neuen Stadt an der Rega“ leitet sich von dem Greif, dem Wappentier des pommerschen Herrschergeschlechts ab, das später sogar der Dynastie den Namen gab. Wie die meisten Städte Pommerns wurde auch Greifenberg mit einer festen Stadtmauer umgeben, durch die zwei Stadttore Einlaß boten, das Steintor und das *Hohe Tor* (unser Bild). Sie sind heute zusammen mit der links noch gerade sichtbaren Marienkirche die ältesten Zeugen der Stadt.

76 ZIRKWITZ im Kr. Greifenberg gehört sicher zu den ältesten Kirchdörfern des Kreises, bedeutet doch schon der Name svw. „Kirchort" (pomoranisch: cerkwa = Kirche). Schon für das Jahr 1270 ist hier ein *Gotteshaus* bezeugt, doch wird es damals noch ein Holzbau gewesen sein. Das heute vorhandene stattliche Gebäude aus Ziegeln, die unter Verwendung von Findlingen in einfachen gotischen Formen aufgeführt worden sind, stammt wohl aus dem 15. Jahrhundert, der hochragende, geschindelte Holzturm auf dem massiven Unterbau ist erheblich jünger. Das Innere wurde 1934 renoviert.

85 Als typisch norddeutsche Landschaft hat Pommern neben seinem Landrücken, den breiten Urstromtälern, den fruchtbaren Grundmoränenplatten auch seine *Seen.* Sie sind meist nicht tief; viele kleinere erweisen sich als recht flach und damit der Verlandung ausgesetzt, wie hier ein See bei BAD POLZIN. Da in manchen Gegenden Pommerns ein Mangel an Grünland herrschte, wurden seit der Regierungszeit Friedrichs des Großen (1740–1786) viele kleinere Seen abgelassen oder größere gesenkt. Die trockengefallenen Flächen nutzte man nun als wertvolles Wiesen- oder Weideland.

86 Der einzige binnenländische Badeort Pommerns ist BAD POLZIN (Kr. Belgard), dessen Badebetrieb schon seit 1688 bezeugt ist; als Moor- und Stahlbad erfreut es sich heute wie vor dem Kriege eines regen Zuspruchs, nicht zuletzt dank seiner reizvollen seen- und waldreichen Umgebung in der „Pommerschen Schweiz". Der Ort entstand zu Beginn des 13. Jahrhunderts, als Benediktinermönche von Stolpe an der Peene hier eine deutsche Siedlung anlegten, die wohl 1335 Stadtrecht erhielt. Der *Marktplatz* des 1945 nicht zerstörten Städtchens macht auch heute einen gepflegten Eindruck.

87 Mit Belegarde (1159), Belgarda (1195), Belgart (1269), Belgardem (1284), Belgarden (1289), Belgard (1295) und civitas Alba (um 1260) versuchte man in alten Chroniken und Urkunden den an sich einfachen Namen der pommerschen Stadt BELGARD wiederzugeben, der eigentlich nichts weiter bedeutet als „Weißenburg“. Dieser alte, schon 1102 bezeugte Ort wurde durch Herzog Bogislaw IV. von Pommern 1299 zur Stadt erhoben und erhielt damals sein lübisches Recht. Die an der Persante gelegene Stadt entwickelte sich infolge ihrer Lage an der alten „Salzstraße“ von Kolberg nach Mittelpolen zu einem bedeutenden Handelsplatz, der auch mit der Hanse in Verbindung stand. Von den zwei Stadttoren hat sich nur das *Hohe* oder *Heidtor* erhalten; letzteren Namen trug es, weil der hindurchführende Weg auf die Heide – das Grenzgebiet zwischen Pommern und Polen – führte.

88 Dem kleinen Städtchen KÖRLIN (Kr. Kolberg-Körlin) am Zusammenfluß von Radüe und Persante sieht man es nicht an, daß es eine große Vergangenheit hat. In dem schon 1299 als Corulin genannten, seit 1385 als Stadt mit lübischem Recht bezeugten Ort residierten seit dem 14. Jahrhundert die Bischöfe von Cammin. Sie besaßen in dem inmitten ihres Herrschaftsgebietes gelegenen Körlin ein mächtiges Schloß, von dem aber nichts geblieben ist. In unseren Tagen ist Körlin ein stilles Städtchen, das mit seinem intakten *Marktplatz* und der St. Marienkirche einen freundlichen Eindruck macht.

89 Pommern ist ein weites, fruchtbares Land, das besonders schön ist, wenn im Frühling alles von frischem Grün erfüllt ist und der Raps mit seinen leuchtend gelben Blüten für kräftige Farbtupfer sorgt, wie hier zwischen Kolberg und GROSS JESTIN (Kr. Kolberg-Körlin). Die hinterpommersche Küstenebene zeichnete sich durch hohe landwirtschaftliche Erträge aus, nicht nur bei den sprichwörtlichen pommerschen Kartoffeln, die in diesem Gebiet gezüchtet wurden – auch beim Getreide. Auch die Viehzucht stand wegen des ausreichend vorhandenen Weidelandes in großer Blüte.

90 Das Gut ALTSTADT bei Kolberg, dessen *Herrenhaus* heute die Verwaltung eines Gestüts beherbergt, läßt allenfalls durch seinen Namen ahnen, daß es eine weit zurückreichende Vergangenheit hat: Hier lag einst das älteste Kolberg, das Thietmar v. Merseburg († 1018) als „salsa Cholbergiensis" erwähnt und in dem während der kurzlebigen ersten Eroberung Pommerns durch die Polen um 1000 der deutsche Mönch Reinbern als Bischof eingesetzt wurde, um die heidnischen Pomoranen zu christianisieren. Doch von diesem historischen Ort blieb nur die Erinnerung an die „alte Stätte".

91 Das heutige KOLBERG entstand erst 1255, als der Camminer Bischof Hermann von Gleichen der deutschen Kaufmannssiedlung, die sich im 13. Jahrhundert an der Mündung der Persante gebildet hatte, lübisches Stadtrecht verlieh. Die Bürgerschaft konnte im Mittelalter dank der Salzvorkommen ein beachtliches Selbstbewußtsein entwikkeln, das sich 1806 in der tapferen Gegenwehr gegen die Franzosen unter Bürgervorsteher Nettelbeck und dem Kommandanten Gneisenau zeigte. Das heutige *Rathaus* wurde anstelle des 1806 zerstörten 1829–1832 von Zwirner erbaut.

92 Der *Dom* zu KOLBERG ist ein eindrucksvolles Bauwerk, das seines riesigen Daches wegen einst im Volksmund „die Weite" genannt wurde. Der der Mutter Gottes geweihte Bau, dessen Chor schon 1282 benutzbar war, hatte ursprünglich drei Schiffe und wurde am Ende des 15. Jahrhunderts zu einer fünfschiffigen Hallenkirche umgebaut. 1945 wurden Dom und Stadt schwer zerstört. Zuerst baute man den Chor wieder auf, darauf den Mittelteil, der 1983 sein charakteristisches hohes Dach wiedererhielt; 1985 wurden die auf diesem Bild noch fehlenden drei Turmspitzen wieder aufgesetzt.

93 Die Reformation in deutschen Landen hat zwar eine Erneuerung der Kirche – auch der katholischen – an Haupt und Gliedern bewirkt, doch ist sie der künstlerischen Ausstattung der Gotteshäuser nicht eben günstig gesinnt gewesen. Wenngleich es in Pommern auch keine Bilderstürmerei à la Karlstadt gegeben hat, so haben doch die Aufklärungszeit und das pietistisch-frömmelnde 19. Jahrhundert, das am liebsten die Kirchenräume weiß gekalkt hätte, gerade in dieser Provinz unendlich viel vernichtet. Geradezu als ein Wunder mußte es da erscheinen, daß der *Dom* zu KOLBERG als einzige evangelische Großkirche Norddeutschlands seine gesamte mittelalterliche Ausstattung bewahrt hatte! Gerade rechtzeitig vor dem letzten Kriege wurde sie sogar dokumentarisch festgehalten – kurz vor ihrer Vernichtung im März 1945. Nur wenig konnte aus den Trümmern geborgen und in den allmählich wiederaufgebauten Dom gebracht werden, wie dieses meisterhafte, aus dem 14. Jahrhundert stammende *Taufbecken* mit seinen charakteristischen vier Löwenfüßen.

94 Der Strand von KOLBERG gehört zu den schönsten Küstenpartien der hinterpommerschen Ostseeküste. Das Meer läuft hier besonders flach auf, und die binnenwärts gelagerten, aufgeforsteten Dünen verstärken den Eindruck der Großartigkeit der Natur, den diese Landschaft ausstrahlt. Das haben schon früh weitblickende Leute erkannt: Seit 1820 ist Kolberg Seebad – eines der ältesten an der Ostseeküste. Nach dem Eisenbahnbau 1859 entwickelte es sich kräftig und war 1938 mit über 500 000 Besuchern noch vor dem Seebad Swinemünde das meistbesuchte Ostseebad Deutschlands.

95 Seit alter Zeit ist der GOLLEN der Stadtwald von Köslin. Doch das war nicht immer so: Die Nachbarstadt Zanow beanspruchte ihn auch; daher mußte ein Schiedsspruch gefällt werden. Die Bürgermeister beider Städte sollten eines Morgens zu einer bestimmten Zeit aufbrechen und sich durch den Gollenwald entgegengehen. Dort, wo sie sich treffen würden, sollte die Grenze zwischen beiden Städten fortan verlaufen. Am Vorabend des Wettkampftages feierten die Zanower ihren Sieg schon im voraus, wähnten sie doch, ihr Bürgermeister werde es leichter haben, da Zanow auf der flachen Seite des Berges liegt. Doch als der Zanower Bürgermeister am nächsten Tag aufwachte, war es – Mittag! Er beeilte sich zwar noch, um zu retten, was zu retten war, begegnete aber seinem Kollegen aus Köslin schon kurz vor den Toren Zanows. Und so kam der Gollenwald zu Köslin. Spätere Geschlechter haben auf dem 133 m hohen Berg einen Aussichtsturm erbaut, der heute jedoch nicht mehr benutzt wird.

96 Zu Füßen des Gollen lag einst das Dorf Cossalitz, das schon 1214 bezeugt ist und bei dem in der Mitte des 13. Jahrhunderts eine deutsche Siedlung entstand, die im Jahre 1266 vom Camminer Bischof Hermann von Gleichen das lübische Stadtrecht erhielt. Die Stadtanlage gehört zu den regelmäßigsten ihrer Art in Pommern, sie stellt fast einen Kreis dar, der von einem Schachbrettgrundriß ausgefüllt wird. Da die Stadt seit 1556 Residenz der Fürstbischöfe war, die von hier aus ihr weltliches Territorium, das „Fürstenthum Cammin" verwalteten, wurde KÖSLIN auch in der brandenburgisch-preußischen Zeit Sitz einer Kriegs- und Domänenkammer, die 1815 in eine Regierung umgewandelt wurde. So entwickelte sich Köslin zu einer typisch preußischen Beamten-, Schul- und Garnisonstadt und blieb dies bis 1945. Die *St. Marienkirche* ist heute wie einst das Wahrzeichen der Stadt am Gollen. Bereits 1331 ist sie bezeugt, doch der heutige Bau ist wohl überwiegend erst im 15. Jahrhundert aufgeführt worden. Seit 1972 ist die Kirche Kathedrale des neuen polnischen Bistums Kolberg-Köslin.

97 DRAWEHN (Kr. Köslin) bestand in alter Zeit aus dem Kirchdorf und zwei Rittergütern, von denen eines ein Massowsches, das andere ein Lettowsches Lehen war. Seit 1608 hielten die Lettows beide Anteile ihres einstigen Stammsitzes in ihrer Hand. Die schlichte Pfarrkirche ist ein Fachwerkbau aus dem 18. Jahrhundert, die im Jahre 1903 nach Westen hin mit Ziegeln erweitert wurde und damals einen massiven Turm erhielt. Der einstige schmucke Friedhof aus deutscher Zeit ist, wie so oft in Pommern, aufgelassen und wird heute von den Polen nur zum geringen Teil wieder belegt.

98 Der südöstliche Teil des Kreises Köslin um PORST gehört bereits zu den Ausläufern des *Pommerschen Landrükkens,* der hier bis auf Höhen von über 200 Metern ansteigt. Diese bis heute waldreiche Gegend ist altes Grenzland: Bis hierher schoben zu Beginn des 14. Jahrhunderts die Camminer Fürstbischöfe ihren Besitz vor, von Osten her reichte ab 1309 der Staat des Deutschen Ritterordens bis an das bischöfliche Territorium – der alte Grenzkrug „Grünbaum" markierte sogar noch bis 1938 die alte Provinzgrenze zwischen Pommern und der Grenzmark Posen-Westpreußen.

99 An der Landstraße von Köslin nach Bublitz liegt auf einer schönen, mit Bäumen bestandenen Anhöhe die *Kirche* von BONIN (Kr. Köslin), etwa 15 Wegminuten vom einstigen Rittergut gleichen Namens entfernt, das als Stammsitz des Geschlechts v. Bonin gilt. Das schlichte, kleine Gotteshaus – mehr eine Kapelle denn eine Kirche – entstand im 16. Jahrhundert auf den Grundmauern eines älteren Baues, verfiel aber und wurde 1842 wegen Baufälligkeit geschlossen. Dank der Bemühungen des Kösliner Regierungspräsidenten v. Senden wurde die Kirche jedoch gesichert und nach 1907 wiederhergestellt. Zur feierlichen Einweihung im Jahre 1910 stiftete Kaiserin Auguste Victoria eine Bibel mit persönlicher Widmung. Fortan wurde bis zum Ende des Zweiten Weltkrieges alle drei Wochen in der Kirche Gottesdienst abgehalten.

100 Selten findet man im heutigen Pommern ein intaktes *Gutshaus*; die großen Umwälzungen des Jahres 1945, die mit der Machtergreifung des Kommunismus in Pommern und der Vertreibung der deutschen Bevölkerung aus dem Ostteil der Provinz den Großgrundbesitz als erstes trafen, haben nur wenige der einst etwa 2000 Herrenhäuser unversehrt gelassen. Plünderungen und Brandschatzungen durch die Rote Armee, Verfall und Abbruch danach taten ein übriges. Oft mußte man später wieder aufbauen, was nach dem Jahr 1945 zerstört worden war, wie hier in ZETTHUN (Kr. Köslin).

101 Nur zwei Gebäude sind 1945 am *Marktplatz* von BUBLITZ (Kr. Köslin) stehengeblieben, als die Stadt – wie so viele im Osten – in Flammen aufging. Bisher ist nur wenig wiederaufgebaut worden; die Zerstörungen waren so groß, daß Bublitz nach dem Krieg zeitweilig die Stadtrechte verlor. Dabei war es bis 1932 sogar Kreisstadt! Das muß die „tapfren Bublitzen“ damals hart getroffen haben, selbstbewußt und eigenwillig, wie sie waren. Außerhalb ihres einstigen Kreises verstand man sie wegen ihrer altertümlichen Mundart kaum, die bis weit ins Schlochauer Land hinein gesprochen wurde.

102 Das kleine Städtchen ZANOW (Kr. Schlawe) galt einst als das „pommersche Schilda“, die größeren Nachbarn sagten den Zanowern viele dummdreiste Geschichten nach – doch die Größeren halten sich ja oft zugleich auch für die Klügeren. Zanow war vor 1945 eine aufstrebende Ackerbürgerstadt, deren *Rathaus* und *Hauptstraße* am Ende des Krieges erhalten blieben. Auf dem Grund des lange verschwundenen Schlosses der Swenzonen, die dem Ort im Jahre 1343 das lübische Stadtrecht verliehen hatten, entstand im 19. Jahrhundert eine der größten Zündholzfabriken Deutschlands.

103 Das Gotteshaus des Dorfes SEE BUCKOW (Kr. Schlawe) ist eine ehemalige *Klosterkirche*, die zu Beginn des 14. Jahrhunderts entstanden sein dürfte. Sie ist eine dreischiffige Hallenkirche, deren Seitenschiffe mit Kreuzgewölben überdeckt sind, das Mittelschiff und der Chor weisen eindrucksvolle Sterngewölbe auf. Von der verhältnismäßig reichhaltigen Innenausstattung mögen der von Heinrich Kresse, dem letzten Abt des Klosters gestiftete Flügelaltar und der vor 1945 im Pommerschen Landesmuseum in Stettin befindliche Abtsstuhl erwähnt sein. Das Kloster wurde 1253 vom ostpommerschen Herzog Swantopolk II. gegründet; es war eine Tochter von Dargun in Mecklenburg. Die Mönche legten in den damaligen Buchen- und Eichenwäldern zahlreiche deutsche Dörfer an, die zum Teil noch heute die alte Hagenhufenanlage widerspiegeln; sie entwickelten sich auf den fruchtbaren Böden sehr gut und wurden nach 1535 dem Rügenwalder Amt zugelegt.

104 Die Gegend um RÜGENWALDE (Kr. Schlawe) hieß in ältester Zeit „Land Dirlow“ und war nach einer pomoranischen Kastellaneiburg benannt, die wohl an der Stelle des jetzigen *Schlosses* lag. In der zweiten Hälfte des 13. Jahrhunderts hatten die Fürsten von Rügen dieses Gebiet in ihrem Besitz und legten hier eine Stadt an, die 1271 als „Ruyenwolde“ bezeugt ist. Sie verfiel jedoch und wurde 1312 von den in Nordostpommern herrschenden Swenzonen an fünf Besetzer neu ausgetan und mit lübischem Recht ausgestattet. Dieses Gemeinwesen unweit der Mündung der Wipper in die Ostsee entwickelte sich in der Folgezeit zu einer bedeutenden Hansestadt und war bis 1945 die wirtschaftlich wichtigste Stadt des Kreises Schlawe; dies wohl nicht zuletzt wegen der blühenden Fleischwarenindustrie, die sich aufgrund der reichen landwirtschaftlichen Umgebung des „Rügenwalder Amtes“ hier entwickeln konnte. Bekanntestes Erzeugnis ist bis heute die „Rügenwalder Teewurst“ geblieben.

105 Aus der alten, bei RÜGENWALDE (Kr. Schlawe) gelegenen Burg der Swenzonen entwickelte sich nach deren Aussterben im 14. Jahrhundert ein Schloß der pommerschen Herzöge, das neben dem Stettiner Residenzschloß und dem Stolper Schloß das einzige von den einstigen Herrschern erbaute ist, das erhalten blieb. Einer der pommerschen Herzöge war *„Erich von Pommern“* – unter diesem Namen ist er sogar in die Geschichte der nordischen Länder eingegangen. Als Neffe der großen Königin Margarethe folgte er ihr auf den Thron der seit 1397 vereinigten Reiche Dänemark, Schweden und Norwegen. Er war der einzige der pommerschen Fürsten, der in großem Stile Außenpolitik zu betreiben versuchte. Seinen Lebensabend verbrachte er 1449–1459 auf dem Schlosse zu Rügenwalde und fand seine letzte Ruhestätte in der Marienkirche dieser Stadt.

106 SCHLAWE an der Wipper im nordöstlichen Hinterpommern ist ein alter Ort, der bis ins 14. Jahrhundert einer ganzen Landschaft zwischen Gollen und Leba ihren Namen gab. Doch dieses „Slavena“ ist das spätere „Alt Schlawe“, etwa 4 km von der jetzigen Stadt Schlawe entfernt. Diese entstand 1317 als deutschrechtliche Stadtsiedlung, die damals von dem Swenzonen Jesko lübisches Recht erhielt und unter Mithilfe Kösliner Kaufleute begründet wurde. Seit 1724 war Schlawe Sitz eines hinterpommerschen Kreises – des zweitgrößten dieser Landschaft – und entwickelte sich bis 1945 zu einer regsamen Beamten-, Schul- und Garnisonstadt. 1945 erlitt Schlawe starke Schäden, vor allem das Stadtzentrum um den Markt wurde völlig zerstört. Nur die *Marienkirche* und die beiden Stadttore hat man wiederhergestellt.

107 Im Ostteil des Kreises Schlawe hatte das Geschlecht v. Podewils seit etwa 1480 die Herrschaft Crangen in Besitz, zu der im Jahre 1664 der Schloßhauptmann *Adam v. Podewils* das Dorf WUSTERWITZ aus Belowscher Hand hinzuerwarb. In der dortigen Kirche ist bis heute sein Epitaph erhaltengeblieben. Er hat den verfallenen Bau, dessen Patron er mit der Erwerbung des Gutes wurde, gleich renovieren lassen, der größte Teil der Innenausstattung stammt aus jener Zeit. 1702 wurde das Gotteshaus ausgebaut und mit einer neuen Kanzel sowie Orgelempore versehen. Das Gut ging in der Mitte des 19. Jahrhunderts bei der Auflösung des großen Podewilsschen Besitzes in andere Hände über und wurde bis auf ein Restgut um 1930 aufgesiedelt. 1945 hielten die Polen in Wusterwitz und Umgebung einen Teil der deutschen Bevölkerung zurück; erst 1958 konnten die letzten Deutschen ausreisen.

108 Die hinterpommersche Kreisstadt RUMMELSBURG mußte lange darum kämpfen, als Stadt anerkannt zu werden: 1478 als Dorf im Lehnsbesitz derer v. Massow bezeugt, ist schon 1506 von einem „Stedeken" die Rede. Im Jahre 1617 erkannte ein Urteil des Stettiner Hofgerichtes dem Ort das Stadtrecht zu, doch die Massows verhinderten seine Durchsetzung, so daß 1707 ein zweites Mal das Gericht der Stadt ihre Rechte zusprach. Doch König Friedrich Wilhelm I. war nicht der Mann, mit dem zu spaßen war: 1721 erzwang er die Durchsetzung, Rummelsburg war nun endgültig eine Stadt.

113 Eine der beiden mittelalterlichen Hauptkirchen von STOLP ist die früher so benannte *Schloßkirche*. Der langgestreckte schmale gotische Bau mit seinem hübschen fünffeldrigen Giebel entstand im 14./15. Jahrhundert als Gotteshaus für das damalige Dominikanerkloster. 1602 ließ die auf dem Stolper Schloß wohnende Witwe Herzog Johann Friedrichs, Erdmuth, die stark verfallene Kirche als Gotteshaus für das Schloß herrichten. Den beiden letzten Abkömmlingen der pommerschen Dynastie, Herzog Ernst Bogislaw v. Croy und seiner Gemahlin Anna, Schwester Herzog Bogislaws XIV., sind zwei stattliche Epitaphien gewidmet, die noch heute in der Kirche hängen. 1703–1834 war die Schloßkirche Versammlungsstätte der reformierten Gemeinde. 1875 wurde sie gründlich restauriert.

114 Rathäuser sind fast immer Zeugnisse für das Selbstbewußtsein einer Stadt, für den Gemeinschaftsgeist ihrer Bevölkerung – sie sind aber auch Spiegelbilder des jeweiligen Zeitgeistes. Das am Südwestrand des nach Heinrich v. Stephan, dem 1831 hier geborenen Organisator der preußischen und deutschen Post, benannten Platzes in den Jahren 1900/1901 erbaute *Rathaus* von STOLP strahlt dieses Bewußtsein aus: Die Berliner Architekten Zaar und Vahl haben es verstanden, diesen Gemeinschaftsgeist eines seit 1870 aufstrebenden, besonders stark anwachsenden Ortes einzufangen, der sich einer langen Tradition bewußt war und sich anschickte, Pommerns drittgrößte Stadt zu werden. Das Portal trug bis 1945 den Wahlspruch des deutschen Stolp: „Fest stehn immer, still stehn nimmer!" Was man mit Fug und Recht vom einstigen Stolp behaupten konnte.

115 Die *St. Marienkirche* zu STOLP war immer die Hauptpfarrkirche der Stadt. Das jetzige Gotteshaus entstand anstelle eines um 1270 begonnenen und wohl zu Beginn des 14. Jahrhunderts vollendeten Vorgängerbaues, der 1477 durch einen Brand völlig vernichtet wurde. Es ist eine dreischiffige, spätgotische Basilika, deren Seitenschiffe mit hübschen, von Fialen besetzten Giebeln bekränzt werden – eine wirksame Belebung des sehr gedrungenen Baues. Der massige Turm, der vor 1945 eine bis zu 50 Metern Höhe aufragende barocke Laterne aufwies, trägt ein flaches Notdach.

116 Der Strand von STOLPMÜNDE war nicht nur ein beliebtes Ausflugsziel der Stolper Bevölkerung, sondern wurde in zunehmendem Maße auch von weither anreisenden Feriengästen aufgesucht. Darüber hinaus hatte das Ostseebad Stolpmünde seit Jahrhunderten die Funktion eines Hafens für das 20 km entfernte Stolp zu erfüllen. Obwohl der Ort städtischen Charakter entwickelt hatte, war er doch nie zur Würde einer Stadt gekommen. Vielleicht lag es daran, daß sich Stolpmünde 1337–1820 in Stolper Besitz befand, das keinen Nebenbuhler duldete. 1820 wurde Stolpmünde Gemeinde.

117 Die LEBANEHRUNG ist eine 17 km lange und nur 1–2 km breite Landzunge, die eine ehemals weitläufige Bucht der Ostsee vom offenen Meere abriegelt. Durch einen jahrtausendelangen Verlandungsprozeß sind von dem einstigen Haff nur zwei Seen übriggeblieben: Garder und Lebasee. Gewaltige, bis zu 56 m Höhe aufragende *Wanderdünen* durchziehen die Lebanehrung, sie sind nur zu einem kleinen Teil durch Aufforstung befestigt worden. Die meisten bewegen sich noch immer fort, verschütten ganze Wälder und lassen ihren Sand in den See treiben, der immer flacher wird.

118 Im Nordosten des Stolper Kreises hatte sich bis zum Ende des 19. Jahrhunderts in der Gegend zwischen Garder und Lebasee noch ein letzter Rest der pomoranischen Sprache erhalten. Diese evangelischen Lebakaschuben oder Slowinzen lebten hauptsächlich in dem Dorfe KLUCKEN, sie hatten nach 1900 als Umgangssprache zwar das Plattdeutsche angenommen, aber noch viel von ihrer altertümlichen Lebensweise als Fischer und Kleinbauern bewahrt. Heute bemühen sich die Polen, in einem *Freilichtmuseum* Zeugnisse dieser 1945 untergegangenen alten Volkskultur zusammenzutragen.

119 Das *Freilichtmuseum* von KLUCKEN (Kr. Stolp) entstand, als man ein Gehöft aus dem 19. Jahrhundert in seinen Ursprungszustand zurückversetzte und die mittleren Räume des einstigen Dreifamilienhauses als Wohnung, die anderen als Ausstellungsräume für altes bäuerliches Gerät und Fischereizubehör herrichtete. Ein Teil der alteingesessenen Bewohner war 1945 zurückgehalten worden. Polnische Versuche, in ihnen ein slawisches Bewußtsein zu wecken, mißlangen jedoch. Der schlichte Dorffriedhof mit seinen vielen Kindergräbern der Jahre nach 1945 spricht eine beredte Sprache.

120 Nachdem 1920 durch die Festlegung der Grenzen im Versailler Friedensvertrag Danzig und der sogenannte „Polnische Korridor“ vom Reich getrennt worden waren, mußte LAUENBURG, das bis dahin sehr auf Danzig hin orientiert war, selbst viele Funktionen eines Mittelzentrums übernehmen. Es wurde fortan neben Stolp in zunehmendem Maße Schul- und Geschäftsstadt. Die *Stolper Straße* ist heute die Haupteinkaufsstraße der Stadt, nachdem Marktplatz und große Teile der Innenstadt nach der Besetzung durch die Rote Armee 1945 durch Brandschatzung sinnlos zerstört wurden.

125 In den Kreisen Bütow und Lauenburg verzahnt sich die Geschichte Pommerns mit dem Schicksal des Deutschen Ritterordens. Das eindrucksvollste Bauwerk Pommerns aus der Ordenszeit ist das *Schloß* in BÜTOW. Es entstand anstelle einer hölzernen Anlage in den Jahren 1390–1405 und umfaßt ein Rechteck von 74 × 50 Metern. Die Ecken werden von drei mächtigen Rundtürmen und einem Viereckturm gesichert. Der 1346 nach kulmischem Recht gegründeten, aber unbefestigt gebliebenen Stadt diente es als Fluchtburg. Nach dem letzten Krieg hat man es sorgsam restauriert.

126 Wie hier bei STÜDNITZ (Kr. Bütow) ist auch sonst der *Pommersche Landrücken* keinesfalls ein nur von Wäldern bedecktes Gebiet. Doch die Landwirtschaft in dieser „steinreichen" Gegend leidet unter den rasch wechselnden Bodenverhältnissen und dem recht rauhen Klima, das eine längere Frostperiode kennt als die Küstenebene und mehr Niederschläge als dort aufweist. Hier liegt mit dem Schimmritzberg auch die höchste Erhebung Pommerns (256 m). Kuppige, oft mit eiszeitlichen Findlingen übersäte Endmoränen und viele Seen kennzeichnen die noch weithin unbekannte Landschaft.

127 Als 1466, nach dem Zweiten Thorner Frieden, das Bütower Land pommerscher Lehnsbesitz wurde, war der östliche Teil dieser Landschaft noch eine unbewohnte Waldwildnis, die Grenzen wurden daher wie mit dem Lineal gezogen. Die Ost- und Südgrenze trafen sich seitdem am Somminer See, der zwar schon 1313 genannt wird, eine Siedlung ist hier jedoch erst zu Beginn des 17. Jahrhunderts nachweisbar: 1607 wird „bei dem Sommyn" ein neues Dörfchen erwähnt. Um 1705 bauten sich die Einwohner von SOMMIN eine *Kirche*, die allerdings schon 1749 baufällig war und 1755–1757 durch einen Neubau ersetzt werden mußte. Dieses schlichte, noch heute stehende Gotteshaus entstand als sogenannter Schurzholzbau, in einer Bauweise also, die hier am Rande der Kaschubei bodenständig ist. Ein Drittel der Bevölkerung von Sommin waren Kaschuben, 1920 mußte sogar ein kaschubischer Ortsteil an Polen abgetreten werden.

128 Der STREITZIGSEE bei Neustettin ist einer der vielen Rinnenseen Pommerns, die den formenden Kräften der letzten Eiszeit ihre Entstehung verdanken. Er erstreckt sich im Südwesten der Stadt sichelförmig über 5 km Länge und schützte mit dem nordöstlich gelegenen, größeren Vilmsee die Stadt Neustettin. Die früher sumpfigen Ufer des Streitzigsees sind in den ersten Jahrzehnten unseres Jahrhunderts in gepflegte Parkanlagen umgewandelt worden, die zusammen mit der großzügigen Bebauung der Stadt ein freundliches Aussehen verliehen, das sich hier am See heute erhalten hat.

137 Das weithin schwingende Grün und Gelb der Felder, wie hier bei CHRISTIANSBERG (Kr. Dramburg), ist für Pommern geradezu symbolisch: War doch diese ostdeutsche Provinz vor 1945 ein bedeutendes landwirtschaftliches Überschußgebiet. Mit ihren Agrarerträgen konnten neben der eigenen Bevölkerung weitere 12 Millionen Menschen mit Kartoffeln ernährt werden, mit Brotgetreide 5,6 Millionen, mit Fleisch 7 Millionen und mit Fettwaren 3 Millionen! Unvorstellbar, daß bei einer gleichgroßen polnischen Bevölkerung die Ernährungsgrundlage nicht mehr ausreicht.

138 Einen noch immer wehrhaften Eindruck hinterlassen die Mauern des kleinen Städtchens PREUSSISCH FRIEDLAND (Kr. Schlochau), wenngleich auch dahinter durch das Wüten des letzten Krieges wenig verblieben ist. Der Deutsche Ritterorden hatte der Stadt die verantwortungsvolle Aufgabe zugedacht, das Ordensland gegen Polen zu schützen, als er sie hier an der Dobrinka 1346 gründete. Dieser Fluß bildete nämlich 1310–1466 die südwestliche Grenze des Ordensstaates gegen Polen. Preußisch Friedland hat in der Folgezeit seine Aufgabe treu erfüllt, doch den Umwälzungen des 20. Jahrhunderts war die kleine Stadt nicht gewachsen: 1945 wurde sie zu 70 v. H. zerstört, nur wenig ist bisher wiederaufgebaut worden.

139 Der mächtige *Bergfried* und die granitenen Grundmauern sind alles, was von der einst so großartigen Ordensburg SCHLOCHAU übriggeblieben ist. Bald nachdem der Deutsche Ritterorden dem polnischen Adligen Nikolaus v. Ponitz die Kastellanei Ziethen im Jahre 1312 abgekauft hatte, begann er bei dem Orte „Slochow“, an der alten Straße, die von der Mark Brandenburg ins Ordensland führte (dem „Markgrafenweg“), eine mächtige Burg anzulegen, die 1332 zum Sitz eines Komturs wurde. In polnischer Zeit nach 1466 verfiel sie und wurde im 18. Jahrhundert fast völlig abgetragen. An den stehengebliebenen Turm wurde 1826–1828 eine *evangelische Kirche* angebaut, die heute als Theatersaal dient.

140 HAMMERSTEIN (Kr. Schlochau) entstand aus einem Flecken, der sich bei einem „Wildhaus“ des Deutschen Ritterordens entwickelt hatte und 1395 zu einer Stadt nach kulmischem Recht erhoben worden war. Um 1550 nahm die deutsche Bürgerschaft die Lehre Luthers an, das Gotteshaus hatte sie aber bald nach 1600 den Katholiken zurückzugeben, was zu einem Aufruhr und zur Zerstörung der *Kirche* führte. Aufgrund eines Gerichtsurteils mußte sie nach 1646 wieder-aufgebaut werden und steht heute noch, während die 1819 errichtete evangelische Kirche 1945 restlos zerstört wurde.

141 Die „grüne Ball“ nannte der Volksmund einst das kleine Landstädtchen BALDENBURG (Kr. Schlochau), das vom Deutschen Ritterorden 1382 angelegt und mit einem sogenannten „Wildhaus“ versehen wurde, das der Jagd, aber auch dem Schutze des Landes zu dienen hatte. Das Jahr 1945 löschte Baldenburg nahezu völlig aus: Die gesamte Innenstadt mitsamt der evangelischen Kirche fiel Bränden zum Opfer und wurde nicht wiederaufgebaut. Als einziges größeres Gebäude aus deutscher Zeit blieb das vor 1914 im Ordensstil jenseits des *Labessees* errichtete *Amtsgericht* erhalten.

142 In einer überwiegend sandigen, waldreichen Gegend war früher das Holz der einzige vorrätige Baustoff. Waren dazu noch lehmige Böden in die Feldmark eingestreut, konnte auch der Lehm als Baumaterial genutzt werden. Damit war der ländlichen Bevölkerung im Mittelalter der Bau von Holz- bzw. Lehmfachwerkhäusern möglich. Ebenso zeigen die Kirchen in den Dörfern immer wieder diese ursprüngliche Bauweise. Auch das schlichte kleine *Gotteshaus* in dem vor 1945 zu zwei Dritteln katholischen Dorfe KRAMSK (Kr. Schlochau) gehört dazu: Der dem heiligen Jakob geweihte Bau entstand 1741 als Fachwerkkirche und wurde später mit Brettern verschalt. Als Sehenswürdigkeit hat die Kramsker Kirche eine Kanzel aufzuweisen, die früher in der Schlochauer Schloßkirche stand.

143 EICKFIER (Kr. Schlochau) war vor 1945 ein überwiegend katholisches Dorf, dessen reizvolle, dem hl. Laurentius geweihte *Fachwerkkirche* 1812 nach dem Brand der alten, 1602 errichteten Kirche erbaut wurde und 1923 einen stilgerechten Anbau erhielt. Die Einwohner waren nach der Reformation evangelisch geworden, doch die herrschende Schicht war im alten Polen unter dem Einfluß der Gegenreformation der Lehre Luthers nicht günstig gesinnt. Aufgrund der Tatsache, daß das Gut Grabau, von dem die Eickfierer Bauern abhängig waren, um 1700 in den Besitz des katholischen Zweiges der Familie Götzendorff-Grabowski gekommen war, mußten die Bewohner wieder katholisch werden – oder auswandern. Eickfier wurde ein katholisches Dorf, ebenso wie sein Nachbardorf Penkuhl, hatte aber im 19. Jahrhundert noch viel unter der Unbill harter Gutsherren zu leiden, so daß die Bewohner sich lange Zeit in mühseliger Handarbeit ihren Lebensunterhalt verdienen mußten.

144 Die Geschichte der grenzmärkischen Kreisstadt FLATOW ist charakteristisch für das Schicksal so vieler Städte in den einstigen Provinzen Westpreußen und Posen: Bis zum 12. Jahrhundert gehörte das Flatower Land noch zu Pommern, bis es die Polen an sich brachten und als „Kraina“ (d. h. „Grenzmark“) ihrem Königreich einverleibten. Die Stadt Flatow entstand vor 1370 durch deutsche Siedler und bewahrte die ganze polnische Zeit hindurch ihren überwiegend deutschen Charakter, wenngleich auch durch die Gegenreformation im 17./18. Jahrhundert ein kleiner Teil der evangelischen deutschen Bevölkerung wieder für die römisch-katholische Kirche gewonnen wurde. Für diese Katholiken erbaute der polnische Grundherr 1664 eine *Pfarrkirche;* sie ist ein barocker turmloser Bau mit wertvollen Kunstschätzen im Inneren.

149 Von den bis 1945 vorhandenen drei Kirchen der grenzmärkischen Stadt SCHLOPPE (Kr. Deutsch Krone) ist nur die jüngste am Ende des Zweiten Weltkrieges unversehrt geblieben: Es ist die zu Beginn der 30er Jahre erbaute *neue katholische Kirche*, die in dem nach 1920 entstandenen Stadtteil zwischen Altstadt und Bahnhof errichtet wurde. Die alte katholische Kirche – einst das älteste noch benutzte hölzerne Gotteshaus der Grenzmark – war ein schlichter, aber stimmungsvoller Holzbau aus dem Jahre 1660. Er verbrannte 1945 ebenso wie die evangelische Kirche auf dem Marktplatz, die 1826 in Fachwerk aufgeführt und 1901 erweitert und renoviert worden war. Von der Innenstadt ist kaum etwas geblieben; das heutige Schloppe besteht lediglich aus der Vorstadt in Richtung Bahnhof.

150 JASTROW (Kr. Deutsch Krone) ist schon 1363 als Dorf bezeugt und gehörte als Tafelgut den Königen von Polen; 1560 wandelte es der Starost Stanislaus Gorka in ein deutschrechtliches Bauerndorf um. 1602 war dieser Ort in der stadtarmen Gegend unweit der pommerschen Grenze zwischen Neustettin, Flatow, Schneidemühl und Deutsch Krone soweit angewachsen, daß er magdeburgisches Stadtrecht erhielt. Die dörfliche Herkunft zeigt sich bis heute am offenen, H-förmigen Grundriß, dessen Spitzen „Kälber-", „Hunde-", „Kirchen-" und „Pepperende" genannt wurden.

151 Das zwischen dem Stadt- und dem *Schloßsee* (unser Bild) gelegene DEUTSCH KRONE geht schon auf das 1249 erwähnte und dem Templerorden gehörende Dorf Cron zurück, das im Jahre 1303 Stadtrecht erhielt. Zur Zeit der Gegenreformation entstand hier ein Jesuitenkollegium, das später in ein Gymnasium umgewandelt wurde. Hier verlebte der Heidedichter Hermann Löns 1868–1883 seine Jugendjahre und entdeckte in der seen- und waldreichen Umgebung seine Liebe zur Natur, die später in der Lüneburger Heide zum Lebensinhalt und Motiv vieler seiner Werke wurde.

152 Während der größte Teil der Grenzmark zu dem von unfruchtbaren Sandern bedeckten Abdachungsgebiet südlich des Pommerschen Landrückens gehört, stellt der südliche Teil des Kreises Deutsch Krone um ARNSFELDE eine Grundmoräneninsel dar, die als ertragreiche Ackerbaulandschaft im Eichberg bis 207 m aufsteigt. Die deutsche Besiedlung begann bereits um das Jahr 1250 und war weitgehend bereits vor dem Übergang des „Landes Krone“ an Polen (1368) abgeschlossen. Es behauptete sich, obwohl seit dem 17. Jahrhundert wieder katholisch, als deutsches Land bis 1945.

157 Das Hauptgeschäftszentrum der Eisenbahnerstadt KREUZ an der Ostbahn (Netzekreis) ist noch immer die *Bahnhofstraße.* Sie entstand – wie die ganze Stadt – erst nach 1848, als die Stargard-Posener Eisenbahn in Betrieb genommen wurde und hier ein Kreuzungsbahnhof mit der schon 1851 bis Bromberg erbauten Ostbahn vorgesehen war. Er sollte anfangs wegen seiner Lage „Dragemünde" heißen, wurde schließlich jedoch schlicht „Kreuz" genannt. Diesen Namen übernahm die Bahnhofssiedlung, die zusammen mit dem später eingemeindeten Lukatz 1936 Stadtrechte erhielt.

158 Das Dorf NEUHÖFEN im Netzekreis entstand, als zu Beginn des 17. Jahrhunderts deutsche Siedler aus der Weichselniederung sich auf Ländereien des Filehner Grundherrn Johann Czarnkowski niederließen und von ihm im Jahre 1601 ein Privileg zur Gründung eines Dorfes erhielten. Sie machten die sandigen und sumpfigen Striche am Rande des oberen Netzebruchs urbar und siedelten sich hier an. Ihr erstes Kirchlein errichteten sie sich schon 1615, aber 1791 fiel es einem Blitzschlag zum Opfer und brannte völlig ab, nur das bunte Glasfenster, der geschnitzte Holzaltar, die Kanzel und ein Teil des Kirchengestühls konnten gerettet werden. Sie wurden in den 1792 aufgeführten Neubau übernommen, einen Fachwerkbau mit Bretterverschalung, der 1929 grundlegend renoviert wurde. Die Glocke war abseits des Gotteshauses in einem Glockenstuhl auf dem Friedhof aufgehängt.

159 Immer wieder überraschend abwechslungsreich zeigt sich die Landschaft im Bereich des Pommerschen Landrükkens, wie hier an dem von der Drage durchflossenen *Neuwedeller See* bei NEUWEDELL (Kr. Arnswalde). Leuchtend gelbe Felder, tiefblaue Seen – in ihren stillen Winkeln oft auch ein Paradies für Vögel, Fische und Wasserpflanzen – dunkelgrüne Wälder und häufig darüber ein strahlendblauer Himmel, das sind die Kennzeichen dieses von der südlichsten Stillstandslage der letzten Eiszeit geformten Landstrichs, der sich auf rund 200 km Länge durch Hinterpommern erstreckt.

160 Ungeheure Mengen von Grubenholz und Millionen von Eisenbahnschwellen haben die großen Wälder zu beiden Seiten der unteren Drage in der Vergangenheit geliefert. Die gerade gewachsenen Stangenhölzer auf den armen, für den Ackerbau nicht geeigneten Böden in der östlichen Neumark und großen Teilen der Grenzmark waren besonders im Westen des Reiches begehrt. Der STEINBUSCHER FORST bei Mariental (Kr. Arnswalde) ist nur eines der vielen Forstreviere, die nach jahrelanger Verwahrlosung und großem Raubbau unter polnischer Herrschaft nun allmählich ihr früheres gepflegtes Aussehen wieder annehmen. Der Holzeinschlag ist heute wie vor 1945 streng geregelt.

161 Auf den großen eiszeitlichen Sanderflächen südlich des Pommerschen Landrükkens entwickelten sich weite zusammenhängende Wälder, die zu den größten Waldgebieten Ostdeutschlands gehörten. Schon in frühgeschichtlicher Zeit bildeten sie eine undurchdringliche Wildnis zwischen Polen und Pomoranen. Im Mittelalter rodete man die auf besseren Böden stehenden Bäume, die übrigen Flächen verkümmerten zu „Heiden", in denen, zumal in Grenzgebieten, viel „Plenterei", das heißt wilde Waldnutzung, betrieben wurde. Zu diesen Gebieten gehört auch die sogenannte DRAGEHEIDE zu beiden Seiten der unteren Drage, die sich seit dem 18. Jahrhundert durch planmäßige Forstwirtschaft zu einem riesigen wertvollen Nadelholzbestand wandelte. Vereinzelte Birken und hochstehende Farne lockern den ansonsten herb-ernsten Charakter dieser ostdeutschen „Kiefernheiden" etwas auf.

162 Eines der vielen Rittergeschlechter, die im hohen Mittelalter aus dem Westen Deutschlands kamen und sich im Osten eine neue Heimat suchten, waren die v. Wedel. Diese aus Holstein stammende Familie erbaute sich anfangs in dem Dorfe Altenwedel westlich der Ihna seinen ostdeutschen Stammsitz, verlegte ihn aber bald an die Drage nach NEUWEDELL, das der Überlieferung nach um 1315 bereits als Burgsiedlung gegründet sein soll und als Stadt zuerst 1363 bezeugt ist. Von dem schon 1650 baufälligen und 1758 von den Russen zerstörten *Schloß* sind nur Reste geblieben.

163 Klostergründungen erfolgten im Mittelalter meist in Erfüllung eines Gelübdes oder – wie in MARIENWALDE (Kr. Arnswalde) – als Sühne für Übergriffe gegen die Kirche. Als um 1269/1270 sich der pommersche Herzog Barnim I. mit den askanischen Markgrafen von Brandenburg in einen Streit einmischte, der zwischen dem pommerschen Kloster Kolbatz und den Johannitern auf Kürtow ausgebrochen war, kam es auch zu Tätlichkeiten gegen die Mönche. Als Sühne hatten beide Landesherren je ein Kloster zu stiften: Die Pommern gründeten das Zisterziensernonnenkloster zu Reetz und die Markgrafen verschenkten (1286) 500 Hufen Landes an die Kolbatzer Mönche, die nun bei Marienwalde ein Tochterkloster dieser pommerschen Zisterzienserabtei anlegten, welches in der Folgezeit die meisten Dörfer im Süden des späteren Kreises Arnswalde erwerben konnte. Der Lauf der Zeit hat vom Kloster nur die *Kirche* mit ihrem eigenwilligen achteckigen Chor übriggelassen; sie dient seit der Reformation als Pfarrkirche des Dorfes.

164 ARNSWALDE ist eine der beiden Kreisstädte der „Hinteren Neumark", die 1938 bei der Auflösung der Grenzmark von der Mark Brandenburg an Pommern fielen. Die Stadt ist eine Gründung der brandenburgischen Markgrafen, die hier, unweit der Grenze zu Pommern, bald nach 1284 eine Stadt anlegten – auf der „Feldmark Arnswolde", die wohl den Kolbatzer Mönchen gehört hatte, welche sie zwei Jahre vorher an die Markgrafen abgetreten hatten. Diese neue Stadt, erstmals 1291 bezeugt, erhielt das Stadtrecht von Angermünde und hatte fortan die Aufgabe, den brandenburgischen Besitz gegen Pommern, aber auch gegen Polen zu sichern. 1945 war Arnswalde als „Festung" längere Zeit hart umkämpft, es wurde dabei zu 80 v. H. zerstört. Der *Marienkirche* auf dem heute wesentlich vergrößerten Marktplatz sieht man die Schäden jener Zeit trotz der Wiederherstellung noch heute an.

165 Die neumärkische Kreisstadt FRIEDEBERG gehört zu denjenigen ostdeutschen Städten, die am klarsten das planmäßige Gründungsschema widerspiegeln: Sie ist auf kreisförmigem Grundriß mit rechtwinklig sich schneidenden Straßen angelegt, dessen Grundfläche bei einem Durchmesser von 500 Metern insgesamt 24 Hektar umfaßt. Die Gründung nahm Markgraf Konrad von Brandenburg zwischen 1260 und 1270 vor, 1286 wurde „Vredeberge" erstmals mit seinem Namen genannt. Die *Marienkirche* wurde nach den schweren Kriegszerstörungen im Jahr 1974 wiederaufgebaut.

166 Vom Zentrum der neumärkischen Kleinstadt WOLDENBERG (Kr. Friedeberg) ist wegen der starken Zerstörungen 1945 nicht viel geblieben. Wiederhergestellt wurde nur die *Stadtkirche*, ein paar Häuser entstanden neu. Die einstige Ackerbürgerstadt gehörte mit der Hinteren Neumark vor 1938 zur Mark Brandenburg, deren Markgrafen auch um 1298 die Gründung vornahmen (1333 erstmals als „Waldinborg“ bezeugt). Als ein immer recht wohlhabender Ort erhielt Woldenberg nach Arnswalde als zweite Stadt in der Neumark bereits 1847 Anschluß an das Eisenbahnnetz.

167 Die neumärkische Stadt DRIESEN war einst eine bedeutende Grenzfeste, die in alter Zeit einen wichtigen Übergang über die Netze bewachte und schon 1092 erwähnt wird. Sie war lange zwischen Pommern, Polen und Brandenburg umkämpft. Zu Beginn des 14. Jahrhunderts entstand hier eine Stadtsiedlung, die 1317 erstmals bezeugt ist und später durch den Getreidehandel mit Polen und eine Salzniederlage ihre wirtschaftliche Grundlage fand. Im 17. Jahrhundert legten die brandenburgischen Kurfürsten hier eine große Festung an, in deren Schutz 1763 eine Neustadt entstand. Besonders nach der Erwerbung des Netzedistrikts durch Preußen 1772 blühte Driesen sehr auf und entwickelte sich zur größten Stadt des Kreises Friedeberg. Die hier gezeigte *Kirche* wurde 1902 erbaut.

168 NETZBRUCH (Kr. Friedeberg) ist eines der vielen Dörfer, die im 18. Jh. im Zuge der Trockenlegung und Kultivierung des Netzebruchs entstanden sind. Dieses große Werk wurde in der Regierungszeit Friedrichs des Großen durchgeführt – unter der Leitung des genialen Schönberg v. Brenckenhoff erwuchs hier aus einer Sumpfwildnis eine blühende Kulturlandschaft, in der Neusiedler aus dem deutschen Südwesten, aus Mecklenburg und viele Deutsche aus Polen eine neue Heimat fanden. Sie erinnert mit ihren Gräben, Deichen und Fachwerkbauten an die Marschen der Nordseeküste.

Regierungsbezirk Grenzmark Posen-Westpreußen

SCHNEIDEMÜHL

Arnswalde

Baldenburg

Bärwalde

Deutsch Krone

Dramburg

Driesen

Falkenburg

Flatow

Friedeberg

Hammerstein

Jastrow

Kallies

Kreuz (Ostbahn)

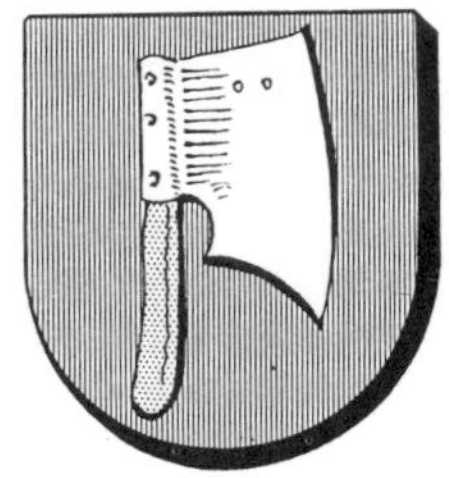

Krojanke

Landeck

Märk. Friedland

Neustettin

Neuwedell

Pr. Friedland

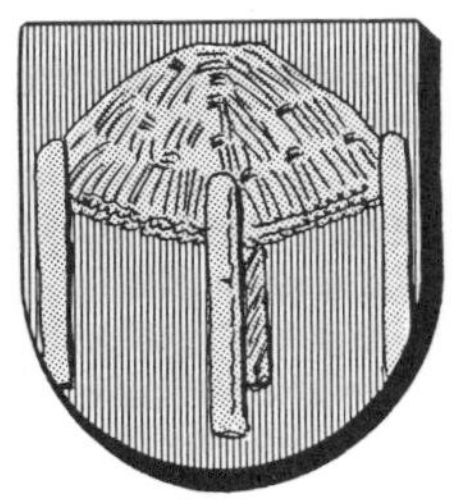

Radolin

Ratzebuhr

Reetz

Schlochau

Schloppe

Schönlanke

Tempelburg

Tütz

Woldenberg